KLHE *finance*

À propos de l'auteur

Christopher Klein est l'un des auteurs de livres sur la finance les plus célèbres en Allemagne. À l'âge de 26 ans, il a écrit, avec le co-auteur Jens Helbig, ces deux premiers ouvrages "Tag auf Tag im Hamsterrad" et "Der Hamster verlässt das Rad". Ses livres "Die Faulbär-Strategie zur Million" (traduit en français : "Millionnaire avec la stratégie du paresseux) (2017) et "Ökoethinvesting" (traduit en français : "Investir écologique et éthique") (2018) ont été de véritables best-sellers sur Amazon et cités dans des magazines financiers renommés (Bank & Environment 11/2018) et (Focus-Money 05/2018).

La littérature financière de Christopher Klein est fondamentalement différente des autres. Tandis que les livres financiers allemands sont habituellement mornement théoriques ou ennuyeusement neutres, la motivation de Klein est de proposer autre chose. Dans ses livres, il explique en termes simples les problèmes et les défis réels de notre époque, en les complétant par ses propres expériences, ses stratégies pratiques et des instructions de type Do-It-Yourself immédiatement applicables. Sa devise : "en finir avec la littérature financière ennuyeuse !" se reflète très fortement dans ce livre.

Les livres de Christopher Klein ;
Maison d'édition : *https://www.klhe.de*
Amazon : *https://www.amazon.fr/Christopher-Klein/e/B07HSYPSFF*

L'auteur est toujours ouvert aux commentaires et aux questions. Le lecteur intéressé peut le contacter via l'adresse e-mail *contact@financepreneur.fr*.

Investir éco-éthique

Placer son argent intelligemment de manière écologique, durable, éthique et sociale :
Profitez de la méga tendance des investissements équitables (sans sacrifier les rendements) !

par Christopher M. Klein
traduit de l'allemand par Clément Bourcheix

Information sur le livre :
contact@financepreneur.fr

Ökoethinvesting
Investir éco-éthique
1re édition, 2019

Un ouvrage de
Christopher Klein & Jens Helbig
Hortensienstraße 26
40474 Düsseldorf, Allemagne

Traduction : Clément Bourcheix
Couverture et Illustration : Stefan Valerio Master → *www.stefanvaleriomeister.de*
ISBN-13 : 978-3-947061-98-3

Informations complémentaires :

Éditeur : *www.klhe.de*
Amazon : *https://www.amazon.fr/l/B07HSYPSFF*

Votre bonus gratuit avec ce livre

La pratique vient toujours en premier dans nos livres. Au lieu d'une théorie ennuyeuse, vous recevrez des stratégies Do-It-Yourself axées sur la pratique que nous avons testées et conçues nous-mêmes et que nous pouvons donc vous transmettre avec conviction et bonne conscience.

Parce que nous nous soucions de votre développement, nous vous proposons de nombreux bonus et outils pratiques pour renforcer vos connaissances financières. Inscrivez-vous dès maintenant à notre lettre d'information gratuite et reprenez le contrôle de vos finances ! En plus des nombreux bonus et promotions exceptionnelles, vous recevrez gratuitement environ une fois par semaine des conseils importants et des instructions pratiques intéressantes pour vous aider à atteindre votre liberté financière.

Inscrivez-vous maintenant en suivant le lien suivant :

www.financepreneur.fr/devenir-libre-financierement/

Table des matières

Avant-propos de Gisela Enders

Beaucoup de gens achètent des produits biologiques, font du vélo et bien sûr trient leurs ordures. Ils s'intéressent beaucoup à la façon dont notre planète évolue. Après tout, nous n'en avons qu'une seule et dans l'ensemble, nous ne nous en soucions pas beaucoup. C'est d'autant plus louable que de plus en plus de personnes dans leurs domaines respectifs veillent à ne plus nuire à notre Terre.

En matière d'investissement, ils atteignent toutefois rapidement leurs limites. Bien qu'il existe de nombreuses offres portant le label « développement durable », il est difficile de comprendre leurs atouts et, surtout, de séparer le bon grain de l'ivraie.

Beaucoup de choses peuvent être étiquetées « durables », certaines ne sont souvent que le moindre mal dans une branche industrielle donnée. Mais qui souhaiterait investir dans une centrale nucléaire très économe en énergie ? En ce qui me concerne, je ne souhaite pas avoir cela dans mon portefeuille que ce soit sous la forme d'une action unique, d'un ETF ou d'un fonds actif.

Ce qui est urgent dans le domaine écologique, éthique et durable, c'est la création de monnaie !

Nous devons être capables de comprendre par nous-mêmes les critères selon lesquels les produits sont développés, à quoi ressemblent les différentes formes d'investissement dans les domaines écologique et éthique et quels sont les opportunités et les risques qu'ils comportent. Cela pour le bien de notre planète et de notre portefeuille. Nous devons être conscients que même les éoliennes les plus durables peuvent faire faillite. Si le contrat de prêt est assorti de la mention « subordonné », nous obtenons non seulement un rendement de 0 %, mais nous subissons également une perte de 100 %. Cela rend-il le monde meilleur ? La question reste ouverte. Les personnes concernées estiment tout simplement que c'est une forme d'investissement très négative.

Ce livre donne un bon premier aperçu sur le sujet. Il explique où et comment investir de l'argent de manière durable. Il encourage les gens à orienter leur stratégie d'investissement vers des produits plus éthiques et écologiques et présente une telle diversité de moyens pour y parvenir qu'il est alors possible de diversifier son portefeuille et, espérons-le, avec un minimum de risques. Vous ne trouverez pas d'informations sur l'assurance-vie et la partie sur les fonds gérés activement est assez courte, bien qu'il existe de nombreuses offres dans ces deux domaines. Toutefois, je peux comprendre l'auteur. L'inconvénient des deux groupes de produits est que les frais sont relativement élevés, ce qui réduit le rendement. Toute personne qui lit ce livre, reçoit une éducation financière et peut ensuite modifier sa propre stratégie d'investissement. Le tout avec moins de frais et espérons-le plus de rendement. En tout cas, avec l'avantage de rendre le monde meilleur et plus prospère. Dans notre quête de rendements et de richesse, nous ne devons pas perdre de vue cet objectif. Parce qu'un très vieux dicton disait : l'argent n'est pas comestible et il n'est pas respirable non plus.

Gisela Enders
Coach dans le domaine de l'argent, des ONG et de la création d'entreprises

Faire d'une pierre deux coups

« La nature humaine est comme un tourbillon d'eau.
Si vous ouvrez le chemin à l'est, l'eau coule vers l'est ; si vous l'ouvrez à l'ouest,
il coule vers l'ouest. »

MENGAZI

Il y a quelques années à peine, je pensais que notre système économique était pleinement conçu pour nous transformer en « esclaves monétaires » modernes et pour nous convertir à sa doctrine injuste. Vous et moi sommes censés le faire fonctionner en tant que hamsters qui travaillent dur afin que quelques-uns puissent s'enrichir. Pourquoi sinon 1 % de la population mondiale possède plus de la moitié de la richesse sans que nous ne le remarquions ? Comment se peut-il que les 10 % les plus riches de la population détiennent la quasi-totalité de la richesse et que le reste n'ait rien, ou qu'un fardeau de la dette demeure ? Ce doit être de l'argent qu'il n'est pas possible de gagner soi-même, mais qui s'accumule, provoquant des richesses toujours plus grandes grâce aux possibilités qu'offre le système.

J'ai essayé de combattre cette injustice pendant des années. Mais comme Don Quichotte, vous pouvez à peine toucher les moulins à vent (lobby et pouvoir) de ce système. En tant que pragmatique, je suis arrivé à la conclusion que je voulais renverser ce déséquilibre - mais de façon plus subtile. Aujourd'hui, je sais que la solution la plus viable consiste à encourager mes lecteurs à utiliser les mêmes méthodes, stratégies et outils que les super-riches. Cela me semble être la seule solution vraiment réaliste pour réduire cette inégalité croissante et redonner aux gens le pouvoir sur leurs finances. Surtout à ceux qui veulent faire quelque chose de vraiment significatif avec cet argent. Ce livre n'a pas pour objectif d'expliquer comment se construire des actifs afin de satisfaire les désirs ultérieurs (sans signification) des consommateurs.

Je suis fermement convaincu que nous devons assumer la responsabilité de notre situation actuelle. Sinon, les supposés progrès que nous créons, finiront par nous détruire à cause des problèmes environnementaux et sociaux qu'ils engendreront. À mes yeux, nous n'avons pas d'autre choix que d'agir intelligemment et stratégiquement en ayant une vision claire des problèmes écologiques, éthiques et sociaux. À cette fin, les investissements durables jouent un rôle de plus en plus important.

Dans ce livre, je vais vous montrer comment j'investis et multiplie mon argent d'une manière tolérante et responsable. Aujourd'hui, il est possible de combiner des investissements environnementaux ou sociaux avec des rendements et une influence durable positive. Au lieu d'un combat rendement vs. environnement, la combinaison des deux est de plus en plus à l'ordre du jour ! Pour moi, cette méthode fonctionne très bien et si vous le souhaitez, vous pouvez également l'utiliser. Bien sûr, il n'y a pas de garantie de rendement et l'histoire montre que les crises financières régulières sont la règle plutôt que l'exception. Vous devriez donc être prêt à faire face à des pertes temporaires. Mais aussi longtemps que vous êtes un investisseur qui, comme moi, reste insensible face aux crises et poursuit un horizon de placement à long terme, alors il y a de bonnes chances que vous soyez du côté du gagnant au final - et pas seulement sur le plan financier.

En investissant dans des actifs durables, nous pouvons faire d'une pierre deux coups. Influence écologique et / ou éthique et sociale et rendement monétaire.

Aujourd'hui, nous n'avons plus besoin d'investir dans des industries misanthropes telles que l'armement ou l'énergie nucléaire pour obtenir des rendements attrayants. Dans le secteur des investissements écologiques et durables et/ou éthiques et sociaux, des progrès étonnants ont été observés au cours de la dernière décennie. Le rapport bisannuel de marché de l'EUROSIF (Forum Européen de l'Investissement Responsable) l'a également confirmé. En conséquence, les encours des fonds verts ont dépassé les 32 milliards d'euros en 2017 grâce à une croissance de 49 %. Les sociétés de gestion françaises sont très actives sur ce marché et sont à l'origine de la création de la moitié des nouveaux fonds en 2018 (source : Novethic). Une méga tendance qui rend acceptable les investissements financiers durables est en train d'émerger. Une bonne alternative d'un point de vue écologique et éthique par rapport aux produits d'investissement classiques. Enfin, en 2014, le professeur Christian Klein (Université de Kassel) a confirmé dans une méta étude que le rendement des fonds durables était au moins aussi élevé que celui des fonds classiques. Dans le cadre de mes recherches et analyses, je suis arrivé à la même conclusion.

Pourquoi lire ce livre ?

Avant de plonger au cœur du sujet, j'aimerais préciser que je suis un pragmatique ! Cela signifie que je recherche des solutions pratiques, réalistes et réalisables. Cela me semble très important, surtout si l'on considère les façons extrêmes de penser et d'envisager la durabilité. Je suis pleinement conscient du fait que ma stratégie n'est pas la voie de la bénédiction et ne convient pas à tous les lecteurs. C'est important pour moi de le souligner, après tout, je ne vous souhaite pas de devenir un « robot financier ». Au lieu d'accepter aveuglément des suggestions, des stratégies et des méthodes, je voudrais vous encourager à suivre votre propre chemin. Celui qui serait idéal pour vous et votre propre morale. Pour cela, vous trouverez des sources et mes conseils de lecture sur le sujet à la fin du livre. Après tout, investir dans des solutions écologiques et durables et/ou éthiques et sociales est très dépendant de vos préférences personnelles. Celles-ci sont subjectives et différentes d'une personne à l'autre. Le plus grand défi reste de trouver le chemin qui vous convient.

Comme dans tous mes livres, je jette d'abord les bases de la théorie, pour ensuite me concentrer sur la pratique, vous permettant ainsi de vous lancer plus facilement.

Je vous souhaite beaucoup de succès sur votre chemin et me réjouis de vos questions et/ou commentaires à *contact@financepreneur.fr*. Excellente lecture à vous !

Christopher Klein

Bilan actuel de la situation

« Tout ce qui s'oppose à la nature ne durera pas éternellement »

Charles Darwin

Au début de mes livres, j'aime bien faire quelques considérations de base. Je crois que c'est important de pouvoir s'appuyer sur des bases théoriques solides. Mais je ne vais pas m'éterniser inutilement sur la théorie et je vais essayer de l'expliquer de manière aussi pragmatique et simple que possible. Après tout, l'objectif n'est pas de vous proposer un ouvrage écrit en jargon technique compliqué et qui ne pourrait être compris par aucun d'entre vous.

Dans ce chapitre, nous déterminerons donc d'abord notre situation actuelle. Où en sommes-nous aujourd'hui ? Que se passera-t-il si nous continuons ainsi et où ce chemin mènera-t-il notre planète et notre humanité ? Les réponses soulèvent la question de savoir ce que les investissements financiers durables peuvent apporter dans ce contexte et s'ils sont réellement écologiques et durables et/ou éthiques et sociaux. De cette façon, nous créons une base commune, un dénominateur commun qui facilite la compréhension des considérations ultérieures et les rend adaptables individuellement pour vous. Ici beaucoup de chemins mènent à Rome. Chacun est caractérisé par des besoins et des problèmes différents. Mais je suppose aussi que vous et moi partageons les mêmes points de vue - sinon vous n'auriez certainement pas acheté ce livre. Ce lien affectif nous aidera à prendre en compte ultérieurement les considérations stratégiques et logiques nécessaires.

Où en sommes-nous aujourd'hui ?

« Si tous les habitants de la Terre vivaient comme les Allemands, nous aurions besoin des ressources de trois planètes. »

PROF. MEINHARD MIEGEL

Notre Terre traverse une période difficile. Le réchauffement climatique s'accélère ; le freiner ne serait-ce que partiellement devient une tâche herculéenne. Seuls quelques-uns comprennent qu'ils sont également en partie responsable du changement de notre climat. Les scientifiques n'arrivent pas à se mettre d'accord sur l'influence que nous avons sur le climat, ils s'accordent toutefois à dire qu'elle est bien réelle. Cependant, le changement climatique n'est qu'une conséquence partielle de nos actions humaines. Elles provoquent aussi d'autres bouleversements :

- Le réchauffement climatique entraîne la fonte des glaciers, des calottes polaires et la montée du niveau de la mer à un rythme menaçant.
- Les océans s'acidifient à cause des gaz à effet de serre et nous ne pouvons pas imaginer quel impact cela a sur l'écosystème marin.
- L'explosion démographique, l'industrie et l'agriculture intensive consomment de plus en plus d'eau douce. Cependant, 97 % de l'eau sur notre Terre est salée !
- La biodiversité de notre planète diminue. Notre survie pourrait dépendre d'une seule espèce animale (par exemple les abeilles) !
- L'énergie nucléaire cause d'importantes catastrophes (par exemple, Fukushima)
- Les combustibles fossiles s'épuisent (le pétrole par exemple)
- Les entreprises exploitent et épuisent l'environnement (pour satisfaire notre faim toujours croissante)
- Les pauvres deviennent de plus en plus pauvres. Cela favorise les famines, les vagues de réfugiés et les guerres.
- Les conditions de travail inhumaines sont courantes (par exemple, l'industrie du coton et de l'habillement).
- Les moyens de transport polluent l'environnement encore plus

qu'avant à cause de la mondialisation (p. ex. navires porte-conteneurs).

- La maximisation du profit à court terme des sociétés (valeur actionnariale) est de plus en plus préférée au succès à long terme.

Il est clair que cette liste ne reflète qu'une partie de la réalité. Le message clé, cependant, est que les habitants des pays les plus pauvres du monde sont les moins à même de se protéger contre les graves conséquences des changements environnementaux et climatiques. En outre, lorsque la part de l'alimentation dans les dépenses totales est particulièrement élevée, elle frappe plus durement les populations. Dans de nombreux pays en développement, cette part atteint 80 %. Comment alors payer le loyer, l'éducation des enfants, les soins et les déplacements ? La spéculation des denrées alimentaires sur les marchés financiers exacerbe également un dilemme politique et écologique. En conséquence, deux milliards de personnes sur notre planète n'ont toujours pas accès à des soins médicaux adéquats et plus d'un milliard, soit un habitant sur sept de notre planète, souffre de malnutrition.

La plupart des habitants des pays industrialisés l'ignorent ou bien ferment les yeux. Dès la naissance, la prospérité nous embrasse et, même dans le pire des cas, l'État nous vient en aide, avec une assurance maladie obligatoire, un logement sûr et un accès à une éducation gratuite - et pourtant nous nous plaignons.

Je trouve irresponsable et irrespectueux que des gens se demandent pourquoi ils devraient se soucier du sort des autres. Juste parce qu'ils n'ont pas à s'inquiéter pour eux-mêmes ? Ils aiment alors prétendre qu'ils ont tout simplement trop à faire pour s'accabler des problèmes de ce monde. À mes yeux, ce n'est rien de plus qu'une excuse pour se réconforter ou pour ne pas vouloir prendre leurs responsabilités. On oublie complètement que les conséquences de nos actes pourraient un jour nous affecter nous-mêmes.

Où cela mène-t-il ?

« Le consumérisme est le modèle culturel qui permet aux gens de chercher un sens, une satisfaction et une acceptation sociale dans ce qu'ils consomment. Mais l'humanité devra le repenser. »

Erik Assadourian

Je suis conscient qu'il est tout sauf agréable d'être confronté aux implications possibles de notre mode de vie, de notre consommation et de notre économie actuels. Après tout, il est facile de voir que si nous continuons comme nous l'avons fait jusqu'à présent, l'avenir pourrait être plus sombre que prévu. Mais alors il peut être trop tard pour un renversement. Quels scénarios seraient envisageables ?

- Le réchauffement climatique et l'exploitation économique entraîneraient d'énormes migrations et des vagues de réfugiés.
- L'acidification des océans entraînerait l'extinction du monde marin.
- En polluant l'environnement de manière incontrôlée et en épuisant la nature, nous nous priverions de notre gagne-pain.
- L'eau douce ou l'eau potable deviendrait un luxe ultime et inestimable (mettant fin à l'agriculture).
- Sans combustibles fossiles, d'importantes sources d'énergie viendraient soudainement à manquer.
- Les pauvres deviendraient encore plus pauvres. Ils devraient fuir ou mourir de soif et de faim.
- Les tensions sociales s'amplifieraient et provoqueraient des abus et des grèves générales.
- L'augmentation des bénéfices à court terme détruirait l'industrie et l'économie à moyen et long terme.

Il doit être clair pour nous que ces coûts environnementaux et sociaux entraîneraient des coûts économiques énormes.

Sur la base de ces considérations, se trouve le modèle dit des trois piliers, qui considère les trois dimensions du développement durable et tente de les combiner. Il comprend :

- l'économie
- l'écologie
- les aspects sociaux

Le modèle à trois piliers a été créé dans les années 90 par le professeur Heins. Vous devez donc les combiner au mieux afin de parvenir à un équilibre harmonieux entre les différents domaines. Mais qu'elle est la signification de ces trois piliers ?

Économie durable

Une économie durable offre en permanence acquisition et prospérité à toutes les parties concernées.

Environnement durable

L'accent est mis sur la protection du climat et de l'environnement, la biodiversité et une approche respectueuse du milieu de vie.

Équilibre social

Les déséquilibres sociaux doivent être éliminés afin qu'une meilleure qualité de vie pour tous puisse être créée sur la base de l'égalité à l'échelle mondiale.

Pendant longtemps, peu de valeur, voire aucune, n'a été attribuée à l'influence mutuelle de ces piliers. Aujourd'hui, nous savons qu'un facteur ne peut souvent être maximisé qu'aux dépens d'un ou deux autres. C'est précisément la raison pour laquelle il est si important d'un point de vue économique de trouver la voie du milieu.

Enfin, c'est à l'intersection de ces trois piliers que la plupart des avantages pour toutes les personnes impliquées sont générés.

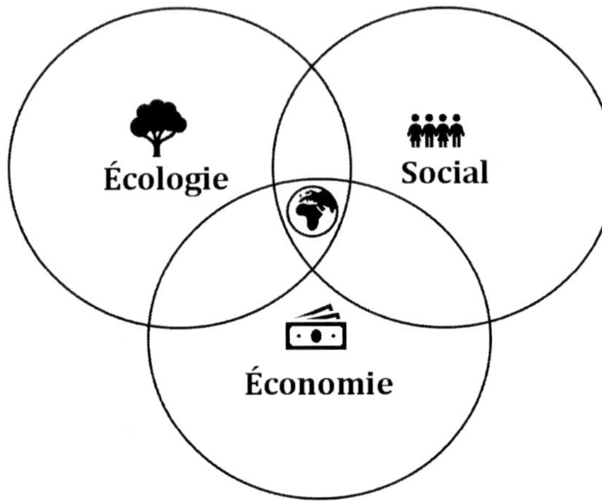

Maintenant, il serait facile de pointer du doigt les « mauvaises » entreprises. Cependant, ce n'est pas à elles de prêter attention à l'équilibre entre les Hommes et l'environnement. Après tout, elles ne font que répondre à la demande que nous générons et à maximiser leurs profits financiers. C'est à nous qu'appartient cette tâche. À mon avis, nous pouvons et devons exercer une influence au niveau personnel - notamment par une consommation réfléchie et une stratégie d'investissement durable. Ce n'est qu'à moyen terme que les entreprises adapteront alors leur stratégie.

Vous et moi, nous devons assumer la responsabilité commune de la situation actuelle pour changer quelque chose. Heureusement, de plus en plus de gens en prennent conscience. En conséquence, une couche croissante de la population souhaite de plus en plus investir son argent dans des produits financiers « verts » et éthiques. Cela a créé une formidable tendance qui est souvent critiquée. Enfin, il est fréquemment affirmé qu'il n'est pas possible de générer des rendements financiers de manière écologique et/ou sociale. Cela nous amène à la conclusion que le fait d'investir ou non dans la durabilité n'a aucune importance.

Comme j'ai moi aussi longtemps été divisé sur cette question, je l'ai analysée non seulement pour les besoins de ce livre, mais d'abord et avant tout pour ma propre compréhension.

Que peuvent faire les investissements durables ?

« Beaucoup aimeraient mener une vie plus simple, si le chemin n'était pas si compliqué. »

JUSTUS JONAS

De plus en plus de gens ne veulent plus voir leur argent disparaître dans des canaux opaques, mais veulent savoir ce qui arrive à leur capital durement gagné et à quoi il sert. De plus en plus d'investisseurs souhaitent que leur argent génère non seulement un rendement positif, mais ait également un impact positif. Et c'est une bonne chose !

Comme vous l'avez déjà remarqué, j'appelle ce « nouveau » type d'investisseur « investisseur écoéthique ». J'ai inventé ce terme parce que pour moi, il définit en un mot ce qui est au premier plan pour cette catégorie de gens. C'est un investisseur qui donne une dimension écologique, éthique et sociale à ses investissements. L'investisseur écoéthique calcule donc son rendement non seulement à partir des bénéfices financiers, mais souhaite également maximiser l'impact positif de ses investissements sur les personnes et l'environnement. Cependant, à ce stade, des questions centrales se posent :

- Les investissements durables peuvent-ils faire la différence ?
- Si oui, laquelle ? Et dans quelle mesure ?

À ce stade, commence habituellement une discussion passionnelle entre les idéalistes et les ultra-capitalistes, parce que le sujet de l'« investissement durable » est une poudrière émotionnelle. L'éventail des arguments est donc large. De « cela n'apporte rien du tout » à « avec des investissements durables, vous pouvez changer le monde ! », tout type d'opinion peut être trouvé. Afin de ne pas tomber dans le même piège, j'aborde la question de manière objective en vous présentant certains des effets possibles des investissements éthiques, sociaux et durables.

Plus tard, vous en saurez plus dans les chapitres respectifs.

 # 1 Augmentation de capital

Avec des actions, vous pouvez participer à des sociétés par actions cotées en Bourse. Nous achetons généralement des actions sur le marché secondaire. C'est-à-dire que ce n'est pas la société cotée qui reçoit votre argent mais le vendeur. Cependant, vous soutenez le cours des actions de l'entreprise avec votre ordre. Plus il est élevé et meilleure est la tendance qui se dessine, plus cela bénéficie à l'entreprise cotée. En conséquence, il lui sera plus facile d'augmenter ses fonds propres ou de recevoir des financements externes. Ceci est important pour que les entreprises puissent capter des capitaux qu'elles peuvent utiliser pour de nouveaux projets, le développement de nouvelles activités ou pour la conquête de nouveaux marchés et donc pour leur croissance.

En outre, la hausse du cours des actions est également associée à une image positive. Nous l'associons au succès, à la bonne gouvernance d'entreprise et aux rendements financiers. Ceci, à son tour, peut augmenter l'intérêt pour les produits ou services de la société et avoir ainsi un impact positif sur les ventes et les performances commerciales.

 # 2 L'influence active

Avec l'acquisition d'actions ou de parts de fonds fermés, vous obtenez également un droit de parole. Dans le cas des sociétés anonymes, par exemple, vous pouvez assister à l'assemblée générale annuelle et poser des questions (inconfortables). Cela permet aux actionnaires d'exercer une pression sur la gouvernance d'entreprise en ce qui concerne les facteurs environnementaux ou éthiques. Cependant, pour pouvoir exercer ces droits en tant qu'investisseur, une initiative personnelle est nécessaire.

 # 3 Menace de désinvestissement

Il y a quelques années, dans mon mémoire de Master sur « Les fonds souverains et les sociétés d'investissement : malédiction ou bénédiction pour les sociétés actives à l'international ? » j'ai été intensément préoccupé par la question de savoir si et comment le droit de parole, acquis par le biais de participations dans des entreprises, est perçu et mis en pratique. La menace de désinvestissement n'était pas rare. Après tout, les grands fonds souverains et plus particulièrement les sociétés en commandite disposent d'un capital suffisant pour pouvoir, via des désinvestissements massifs, influencer le cours des actions et donc, bien sûr, l'image de l'entreprise. Vous avez donc un impact direct sur sa stratégie et son leadership. Mais même des groupes d'investisseurs plus petits pourraient unir leurs forces et, s'ils n'étaient pas satisfaits de la société dans sa façon de traiter les questions éthiques, sociales ou environnementales, céder leurs investissements, mettant ainsi la pression sur la gouvernance.

 # 4 Les fonds durables sont en hausse

Les fonds, en particulier les ETF à gestion passive, constituent la nouvelle super-tendance sur les marchés financiers. Les investisseurs privés peuvent notamment investir dans des fonds - gérés de manière active ou passive - acquérir un portefeuille de placement largement diversifié et bénéficier ainsi d'un très bon rapport risque/rendement.

On observe également une demande croissante d'instruments de placement éthiques, sociaux et/ou écologiques et durables dans l'univers des fonds. Les fonds exercent une pression par le biais d'un volume d'investissement élevé, souvent de plusieurs milliards de dollars, en particulier par la demande de l'action. Enfin, il existe aujourd'hui diverses approches et critères de sélection ou d'exclusion positifs pour les rendre comparables en termes de durabilité. Si une entreprise enfreint les critères de durabilité du fonds, elle est retirée du portefeuille. Ce désinvestissement affecte non seulement le cours des actions, mais a également un impact négatif sur l'image de la société.

La même chose peut être observée avec les fonds écologiques. Ceux-ci exigent des données toujours plus détaillées sur les activités environnementales des entreprises. Ce faisant, ils font pression sur la direction de l'entreprise pour qu'elle s'attaque de manière plus intensive à ces sujets.

Ils promeuvent ainsi l'aspect important de la transparence d'entreprise, qui peut en outre générer un gain d'image, par exemple à travers des écolabels et des certifications, et gagner un facteur de différenciation important par rapport à la concurrence.

 # 5 Les banques durables financent des projets avec votre argent

Heureusement, le marché financier offre aujourd'hui une large gamme de produits financiers aux investisseurs écoéthiques qui souhaitent avoir une influence directe sur leurs investissements. Les projets environnementaux et durables sont particulièrement courants. Mais même les projets à orientation sociale sont désormais associés à l'offre. Les investisseurs peuvent alors fournir les fonds nécessaires à la réalisation du projet. Par exemple, La Nef (www.lanef.com), propose au travers du livret Nef une solution d'épargne éthique et solidaire. C'est un livret transparent. Elle publie chaque année depuis sa création en 1988 l'ensemble des prêts qu'elle octroie dans sa « liste des financements ». Elle finance uniquement des projets ayant une plus-value sociale, écologique et/ou culturelle, dans le respect de sa charte des valeurs fondatrices. Elle exclut ceux qui nuisent à l'Homme et à son environnement.

 # 6 Promouvoir les start-up et les projets d'investissement

Le crowdinvesting est à mes yeux une brillante invention du secteur de la fintech. Les plateformes de crowdinvesting nous permettent de participer et de soutenir directement des projets, des start-up et de jeunes entreprises. Ce faisant, nous leur fournissons le capital nécessaire pour financer et soutenir leur lancement. Il est particulièrement réjouissant de constater qu'il existe aujourd'hui des plateformes de crowdinvesting spécifiques qui permettent uniquement aux projets ou aux entreprises ayant des concepts commerciaux éthiques, sociaux et/ou écologiques et durables de recevoir des financements. Cela nous permet d'utiliser notre capital pour promouvoir spécifiquement les entreprises durables de demain. Ce type de financement est appelé « impact investing ».

7 Accorder des « prêts au développement »

Dans le contexte de la révolution fintech, nous sommes également en mesure, en tant qu'investisseur privé, de placer notre argent dans des fonds de microfinance. L'argent est transféré par le biais d'institutions de microfinance, sous forme de prêts, à des personnes vivant dans des pays dits en développement et émergents. Finalement, l'infrastructure même des institutions financières est un facteur important du développement économique d'une nation. De nombreux pays et leurs habitants ne peuvent que rêver d'un système bancaire et de crédit comme dans les pays industrialisés ! Ils ont souvent peu ou pas accès aux marchés financier et de crédit. Lorsqu'ils trouvent enfin un prêteur, ils obtiennent généralement des prêts uniquement à des taux usuraires. Par chance, en France, nous sommes gâtés. Pour les autres, en revanche, les taux d'intérêt de 20 % sont habituels - 20 % par jour ! Des microcrédits, d'un montant de 100 euros, peuvent améliorer la vie et le sort de familles entières dans de nombreux endroits sur la planète. Ils aident les gens à gagner leur vie et à assurer leur subsistance à long terme.

Ces sept effets montrent comment notre argent peut avoir un impact positif sur l'environnement ainsi que sur la vie de nombreuses personnes. Du financement de projets environnementaux tournés vers l'avenir aux investissements qui vont à l'encontre de la faim et de la pauvreté. Néanmoins, une question centrale reste souvent posée.

Qu'est-ce qui est écologique ou éthique et social ?

« L'homme veut toujours que tout change, et en même temps, il veut que tout reste comme avant. »

PAULO COELHO

En tant qu'auteur et blogueur, je me souviens de beaucoup de discussions sur ce sujet. Après tout, c'est une question que chacun définit différemment et donc à laquelle tout le monde donne une réponse subjective. Alors qu'une personne A trouve écologique et durable de prendre occasionnellement le bus ou son vélo pour aller au travail plutôt que sa voiture, pour une personne B ça sera le renoncement total à la viande, aux saucisses, à un véhicule à moteur thermique et au vol long-courrier pour passer des vacances dans les Caraïbes. Pour la personne A, éthique et social signifie réduire sa consommation de viande à une fois par semaine, tandis que pour la personne B cela signifie être 100 % végane. Étant donné que ces extrêmes sont très éloignés l'un de l'autre, il est impossible de satisfaire tout le monde. Sans dénominateur commun, cependant, nous nous dissocions les uns avec les autres.

Alors comment créer un terrain d'entente ?

Avant d'aborder plus après la systématique du marché financier, c'est-à-dire l'évaluation ou l'exclusion d'instruments selon certains critères de durabilité, je voudrais d'abord présenter mes propres réflexions. Les investisseurs écoéthiques sont orientés vers le développement durable. À mon avis, nos actions doivent viser à restaurer la capacité de régénération naturelle de la planète et permettre à tous les terriens de mener une vie digne. C'est pourquoi j'ai créé une vue d'ensemble et différencié les facteurs personnels et entrepreneuriaux dans un souci de clarté. Plus nous pouvons combiner de facteurs, y compris par le biais de notre consommation, plus nous avons d'impact.

 # 1 Niveau individuel

- Consommation consciente et respectueuse des ressources.
- Placements dans des actifs financiers durables à rendement réel.
- Action consciente pour protéger les personnes, les animaux et les plantes.
- Avoir besoin de peu de (nouvelles) choses.
- Dans de nombreux cas, ces nouvelles acquisitions sont des objets de seconde main.
- Réparer ce qui peut l'être au lieu de suivre la société à usage unique.
- Réduire l'utilisation de combustibles fossiles et augmenter les énergies renouvelables.
- Soutenir des projets subjectivement écologiques et durables.
- Investir de l'argent dans des firmes soucieuses de la durabilité et qui incorporent cet aspect dans leur stratégie d'entreprise.

Selon moi, la meilleure définition de la durabilité à l'échelle de l'individu est la manière dont nous agissons en tant qu'être humain, dont nous nous traitons mutuellement, dont nous prenons soin les uns des autres et dont nous consommons et en quelle quantité. Elle est basée sur la conscience.

 # 2 Niveau de l'entreprise

- Les ressources sont soigneusement conservées durant le processus de production.
- Au lieu de surexploiter la nature, les ressources sont réutilisées (recyclées).
- Les ressources renouvelables sont valorisées.
- Ni les tensions sociales ni les conflits ne sont favorisés (par exemple, les profits ne sont pas générés par la corruption).
- L'accent est mis sur les itinéraires de transport courts.
- Des recherches (éthiques) sont menées pour développer des technologies tournées vers l'avenir.
- Le « capital humain et social » est développé et promu
- Une attention particulière est portée aux droits de l'homme et des

animaux.

- La durabilité sociale est promue activement et on agit conformément aux normes éthiques élevées.
- La stratégie d'entreprise est orientée long terme et on ne se focalise pas uniquement sur le cours de l'action à court terme lors de la prise de décisions (valeur pour les actionnaires).

Les entreprises qui suivent ces aspects œuvrent à leur échelle pour la durabilité sociale, environnementale et économique. Une économie durable va de pair avec une société qui ne vit pas au-dessus de ses moyens. Une approche pragmatique qui a de l'avenir.

Placer son argent de manière durable

« Il n'y a pas de différence entre un pessimiste et un optimiste qui ne fait rien. Rien ne se passe dans les deux cas. »

Yvon Chouinard

Nous disposons aujourd'hui d'une très large gamme de produits financiers. Depuis plusieurs années, j'observe de près le développement du secteur des investissements financiers durables. Je suis très heureux que beaucoup de choses se soient passées dans ce domaine au cours de la dernière décennie. Néanmoins, l'impact externe laisse encore beaucoup à désirer. En effet, la plupart des personnes qui souhaiteraient investir leur argent de manière éthique et sociale et/ou écologique et durable, connaissent peu le vaste éventail d'opportunités qui leur sont maintenant offertes. Dans un système capitaliste, les marchés répondent à la demande en ajustant l'offre, et souvent plus rapidement qu'on ne le pense. C'est exactement ce qui se passe dans le secteur des investissements durables.

À mon avis, il n'est pas suffisamment connu du grand public. La proéminence d'une offre pourrait contribuer non seulement à accroître la demande quantitative, mais aussi à améliorer la qualité de cette dernière (conséquence d'une concurrence accrue).

Les produits de placement classiques sont principalement mesurés par trois facteurs : risque ou sécurité, rendement et liquidité. L'investisseur classique souhaite donc prendre le moins de risque possible pour obtenir le rendement le plus élevé possible. Pour l'investisseur écoéthique, une quatrième dimension est toutefois ajoutée : la durabilité. Alors que trois facteurs sont mesurables quantitativement, la durabilité l'est plutôt qualitativement. En fin de compte, cela se reflète également dans les méthodes de mesure et d'évaluation des actifs financiers durables.

Ces dernières vont de l'approche « radicale » à l'approche « best class », où seules les entreprises les plus exemplaires du secteur sont retenues. Une méthode uniforme de classification ou de comparaison n'existe pas encore.

Au-delà, une chose est claire. Plus votre philosophie est sévère ou extrême, moins vous avez d'opportunités d'investissement. Cela conduit à une concentration plus élevée des risques de vos investissements et donc votre diversification en pâtit. Pour en savoir plus, veuillez-vous référer au chapitre « La diversification ».

Cependant, pour comparer les actifs financiers durables les uns avec les autres et choisir ceux qui correspondent à vos préférences, reportez-vous au carré magique de l'investissement durable.

Le carré magique de l'investissement

„« Vivre, travailler et faire avec la nature et non plus contre elle est notre grand défi. »

Dalai Lama

Avant de prendre toute décision en matière d'investissement, nous devrions certainement nous intéresser au triangle magique rendement/investissement. Il fait partie des connaissances économiques fondamentales. Le terme peut paraître compliqué, mais il est facile à comprendre.

Dans la théorie classique du portefeuille économique, le triangle de l'investissement est le point de départ de toutes les considérations. En effet, il met en corrélation les trois paramètres importants à prendre en compte dans le cas de décisions d'investissement.

 # 1 Rendement
Le rendement décrit le bénéfice de vos investissements après les coûts et les impôts.

 # 2 Sécurité/ Risque
Plus le rendement cible est élevé, plus le risque que vous devez prendre est important. Rappelez-vous que le rendement provient du risque - et non l'inverse !

 # 3 Liquidité
C'est la facilité, la rapidité et le coût avec lesquels vous pouvez convertir vos placements en argent comptant. Plus c'est facile, rapide et bon marché, plus votre investissement est liquide.

De plus, pour nous, les investisseurs écoéthiques, le facteur de durabilité environnementale et sociale vient s'ajouter. Par conséquent, un quatrième facteur vient se greffer à ce modèle :

 # 4 Durabilité

Pour ce qui est de la quatrième dimension, notre souhait est avant tout de savoir comment notre capital est utilisé. En général, ce sont les questions environnementales et/ou sociales qui jouent un rôle pour nous. Par ailleurs, les investisseurs écoéthiques s'intéressent également aux objectifs généraux de l'entreprise et à son engagement régional.

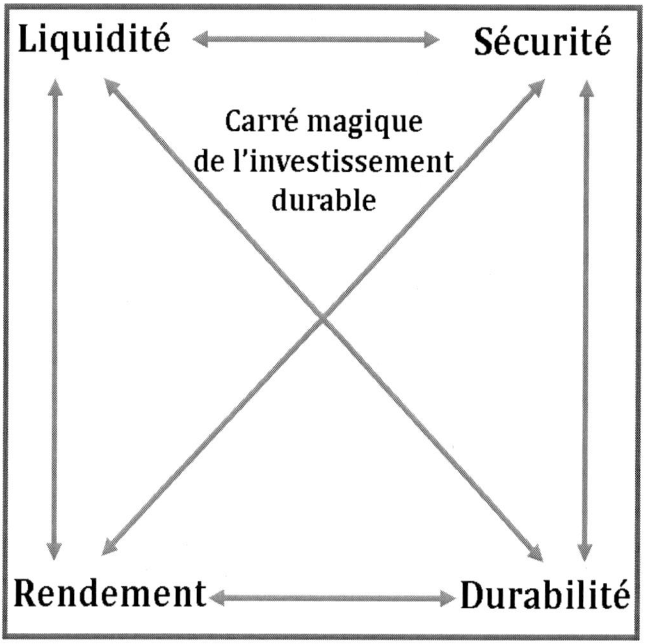

Les quatre dimensions - liquidité, rendement, sécurité, durabilité - peuvent être identifiées dans chaque investissement. En conséquence, le carré magique est un modèle interdépendant. Cela signifie que les quatre dimensions sont en corrélation. L'investisseur doit peser le pour et le contre. Si un facteur change, les autres aussi. En d'autres termes, les paramètres auxquels vous accordez le plus d'importance l'emportent sur les autres. Par exemple, plus de liquidité se fait au détriment des rendements et de la sécurité. Plus de rendement a tendance à avoir un impact négatif sur le risque.

Le facteur de durabilité doit toujours être considéré séparément et joue un rôle qualitatif dans vos décisions d'investissement.

Selon la classe d'actif que vous choisissez, certaines dimensions ressemblent davantage à la vôtre et d'autres moins. Pour prendre une décision concernant l'aspect qualitatif de la durabilité éthique, sociale ou écologique, des paramètres et des critères sont importants.

Critères pour des investissements durables

Deux planètes se rencontrent. L'une dit à l'autre : « Tu n'as pas l'air en forme ! » L'autre répond : « Oui, je sais. J'abrite des homo sapiens. » « Je connais ça, mais ça ne dure pas ! »

Pour les investisseurs écoéthiques, les facteurs quantitatifs tels que la liquidité, la sécurité et le rendement jouent un rôle dans l'investissement, mais c'est surtout le facteur qualitatif de durabilité qui prévaut. Cela ne facilite pas forcément la sélection. De plus, il règne une grande confusion sur les marchés financiers compte tenu de l'inimaginable éventail de produits financiers disponibles (notamment à destination des investisseurs privés).

Au cours de la crise financière de 2008, il est clairement apparu que de nombreux conseillers bancaires ne savaient pas à quels fins l'argent investi dans les produits qu'ils recommandaient eux-mêmes été utilisé et étaient également aveuglés (et le sont encore souvent) par des commissions trop élevées. De plus, il n'existe actuellement aucune définition commune du critère qualitatif de durabilité. Cela ne changera pas dans un avenir proche. Après tout, c'est un sujet très subjectif. Cependant, il existe un certain nombre de bonnes approches qui tentent de caractériser les investissements durables et de les distinguer des produits financiers conventionnels. Dans ce qui suit, je voudrais vous présenter quelques-unes des méthodes les plus pratiques et les plus largement utilisées. Plus tard, lors de la recherche et du choix de votre portefeuille, vous tomberez à plusieurs reprises sur ces termes.

L'éventail des méthodes de mesure est large. Certaines sont nettes et précises, d'autres plutôt douces et pragmatiques. En fin de compte, tout dépend de votre attitude et de votre capacité à faire des compromis. Plus vous définissez la durabilité de manière étroite, plus vous excluez d'entreprises et de projets et moins il y a de produits financiers disponibles. Une distinction générale est faite entre trois méthodes.

 # 1 Filtrage négatif (critères d'exclusion)

Si vous avez déjà parcouru le monde des ETF durables, vous êtes probablement déjà tombé sur des ETF qui effectuent leurs sélections en fonction de critères d'exclusion. Une procédure qui a longtemps été utilisée dans le secteur des fondations et des fonds gérés activement. Le filtrage négatif exclut les entreprises, les industries et même des États entiers qui enfreignent les critères de durabilité à travers leurs engagements et leurs activités commerciales. Une approche pragmatique, mais aussi critiquable. Enfin, le filtrage négatif ne porte guère sur la chaîne de valeur de la production. Par exemple, les entreprises ne sont pas jugées sur la durabilité de leurs fournisseurs ou de leurs clients. On peut également retrouver des sociétés ou des États dont il ne peut pas être prouvé qu'ils ont commis des violations, ou dans lesquels un scandale sera découvert dans quelques années (et ils seront donc exclus trop tard).

En principe, les critères d'exclusion devraient écarter les entreprises qui ne répondent pas aux critères sociaux et environnementaux et qui montrent des faiblesses au niveau de la gouvernance d'entreprise. Ces derniers sont basés, par exemple, sur les normes et standards de l'Organisation internationale du travail « OIT » (normes fondamentales du travail), des Principes directeurs de l'OCDE pour les entreprises multinationales ou du « Pacte mondial » des Nations Unies.

Les critères d'exclusion sont généralement considérés comme l'approche la moins sévère. Néanmoins, je considère qu'il s'agit d'un pas important dans la bonne direction, comme la liste ci-dessous devrait le montrer.

Critères négatifs typiques pour les entreprises et États :

- Non-respect de la protection des animaux et des végétaux (par exemple, expériences sur les animaux)
- Méconnaissance des droits de l'homme (p. ex., application de la peine de mort)
- Interdiction de l'avortement, manipulation génétique, discrimination (par exemple envers les homosexuels)

• Violation des normes du travail (par exemple, travail des enfants)

Industries habituellement exclues :
• Industries nuisibles à l'environnement (p. ex. chimie, chimie du chlore)
• Armement ou industrie d'armement
• Industrie de l'alcool et du tabac
• Industrie du jeu
• Industrie nucléaire
• Industrie du sexe

La liste les critères éthiques, sociaux et écologiques qui sont passés au crible. Toutefois, vous devez toujours vérifier à chaque fois quels facteurs d'exclusion sont retenus par quel fournisseur de titres. L'uniformité n'existe pas (encore) ici.

 # 2 Filtrage positif (intégration de critères de qualité)
Alors que le filtrage négatif utilise des critères d'exclusion, la variante positive examine et évalue toute une gamme de facteurs de durabilité (souvent plus de 500 points). Ce type d'examen peut généralement être identifié par l'abréviation ESG ou SRI. ESG est synonyme d'environnement (écologie), de social (éthique et social) et de gouvernance (administration d'entreprise). SRI ou ISR en français signifie « investissement socialement responsable ». Les deux approches analysent dans quelle mesure la société exerce une influence positive ou négative. Personnellement, je trouve les critères ESG/SRI très utiles. Ils peuvent fournir une orientation importante et, par exemple, peuvent également être abordés et débattus lors d'assemblées générales d'investisseurs en matière de gouvernance d'entreprise afin d'influencer la politique de la société en conséquence.

Dans le cadre de mes recherches, j'ai constaté que de plus en plus de notations de durabilité des ETF et des actions reposent sur des critères ESG et SRI. Ils rendent le facteur qualitatif de durabilité, quantitativement évaluable et comparable par une analyse large des facteurs positifs. La comparaison prend généralement la forme d'une évaluation neutre. Il en résulte une sorte de notation de la durabilité. Cette approche est souvent appelée « Best in Class ». Par exemple, seuls 25 % des « meilleurs de la classe » sont sélectionnés. Cela signifie que vous n'investissez que dans les entreprises ou les pays qui répondent le mieux aux critères de comparaison et qui sont leaders en la matière. Dans le célèbre « MSCI-World », plus de 500 critères sont examinés. Bien entendu, la pondération dépend de l'industrie (par exemple, les émissions de CO2 ou la consommation d'énergie constituent un critère beaucoup plus important pour évaluer l'industrie automobile que pour le secteur des assurances).

Mais cette approche doit aussi être critiquable. En effet, avec cette méthode, certaines entreprises qui n'auraient pas résisté aux critères d'exclusion peuvent ici se glisser dans le portefeuille (par exemple les entreprises textiles). Il n'est pas rare que des entreprises qui ne sont pas respectueuses de l'environnement ou qui ne représentent pas une philosophie d'entreprise éthique et sociale soient représentées parce qu'elles sont les plus durables dans leur secteur.

Critères positifs typiques

- Critères sociaux (par exemple, conditions de travail décentes, ambiance de travail, mesures contre la discrimination, programmes de formation pour les employés, etc.)
- Critères écologiques (par exemple, production de produits respectueux de l'environnement, utilisation de technologies respectueuses de l'environnement, augmentation de l'efficacité dans la consommation d'énergie et de ressources, émissions de CO2)
- Critères de gouvernance (par exemple, système de gestion des risques et de l'environnement sain, promotion de la santé des employés, conseil d'administration ou de surveillance indépendant, etc.)

Vous voyez que les deux méthodes de mesure peuvent être critiquables. Les deux peuvent accomplir quelque chose de différent l'une de l'autre. Cela devient également de plus en plus clair pour le secteur financier. Par conséquent, la combinaison des deux procédés peut être trouvée de plus en plus souvent comme une approche d'évaluation. À mon avis, c'est la meilleure et la plus pragmatique actuellement. En effet, le fabricant d'armements le plus durable n'existe pas !

Dans cette méthode, les industries et les États controversés sont initialement exclus et les sociétés et États restants sont ensuite soumis à un filtrage positif selon les critères ESG/SRI et classés selon une approche « Best in class ».

 # 3 Impact Investing (objectifs exacts)

Il existe une autre approche qui, du point de vue de la durabilité, est particulièrement intéressante pour les investisseurs écoéthiques qui veulent savoir exactement où va leur argent et comment il est utilisé. L' « impact investing » promeut des projets très spécifiques et des entreprises ayant des objectifs particuliers. Cela signifie que l'investisseur est généralement déjà au courant du résultat final du projet et de son rendement. Avec l'Impact Investments, nous investissons notre argent de manière fortement liée aux répercussions. L'impact investing est donc considéré comme particulièrement transparent et compréhensible. Après tout, il est de plus en plus important que de plus en plus d'investisseurs soient en mesure de comprendre exactement quelle influence directe ils exercent sur leurs investissements.

L'impact investing est une forme d'investissement dans des projets spécifiques (par exemple, la construction d'un champ photovoltaïque ou éolien). Pour moi, la promotion et le financement de start-up et de jeunes entreprises durables peut aussi être classé dans l'impact investing. Une tendance qui, à mon avis, continuera à se développer fortement dans les années à venir. Après tout, ce type d'investissement est l'intégration la plus honnête et la promotion la plus directe des facteurs de durabilité.

Cependant, cette approche suscite également des critiques. Malheureusement, les moutons noirs continuent de se faufiler parmi la foule et, sous prétexte de durabilité, recueillent des fonds pour des projets qui ne sont pas durables et qui sont ensuite détournés. Par conséquent, vous devez examiner très attentivement les projets et vérifier leur fiabilité !

La question du rendement

« Dans le cas du paradigme consumériste, les croyances de base qui devraient être changées sont que plus de choses rendent les gens plus heureux, que la croissance permanente est bonne, que les humains sont complètement séparés de la nature et que la nature est une réserve de ressources qui devrait être exploitée sans merci à des fins humaines. »

Erik Assadourian

Alors que le rendement de l'investisseur classique repose presque entièrement l'aspect financier, celui de l'investisseur écoéthique est double. Bien sûr, il bénéficie aussi de gains financiers, mais il retire également un gain émotionnel et intellectuel de ses investissements éthiques, sociaux ou écologiquement durables.

Aujourd'hui, l'affirmation selon laquelle les investissements durables seraient financièrement moins rentables est fausse. Je ne sais pas vraiment d'où cela vient, car un large éventail d'études et une vision empirique de la performance de divers titres d'entreprises durables montrent que les investissements sociaux écologiquement durables et éthiques n'entraînent pas nécessairement une perte de rendement.

Cela fonctionne sur les marchés financiers comme dans la vie réelle. Il y a beaucoup à perdre là où il y a beaucoup à gagner. Dans la pratique, cela signifie que les entreprises qui pensent à court terme, par exemple en augmentant régulièrement le cours de leurs actions en termes de valeur pour les actionnaires, afficheront des résultats plus volatils à moyen et long terme. L'approche de la valeur actionnariale des sociétés implique la maximisation du profit pour les actionnaires. La situation est tout à fait différente pour les entreprises qui agissent et opèrent de manière durable. L'accent est mis ici principalement sur le succès à long terme de l'entreprise. Le cours de l'action ne devrait finalement suivre que cette tendance positive.

Cependant, les rendements financiers doivent toujours provenir de quelque part, ce qui est en fait logique. Cependant, c'est le point que la plupart des investisseurs craignent. Après tout, les rendements élevés sont souvent associés à l'exploitation massive des animaux, des humains et de l'environnement. Et oui, quel investisseur aime entendre dire qu'il contribue via ses investissements à la destruction de l'humanité et de la nature ?

L'investissement écoéthique n'est peut-être pas la solution miracle à ce dilemme. Toutefois, il pourrait engendrer une évolution positive vers une économie prudente et véritablement durable bénéficiant à toutes les personnes concernées - et pas seulement aux investisseurs ! À mon avis, cela ne pourra réussir qu'avec une croissance saine, durable et orienté long terme. Ce qui, en tant qu'investisseur extrêmement passif, me convient tout à fait.

C'est pourquoi je me concentre sur des investissements intelligents et prévoyants avec un horizon de placement à long terme - et non spéculatifs ! Je veux laisser mon argent entre de bonnes mains pour pouvoir ainsi automatiser mes investissements. L'avantage de ceci est que je peux alors obtenir un rendement maximal multiplié par deux à long terme tout en devant y consacrer un minimum de temps.
Selon moi, les produits financiers durables, en particulier les investissements dans des entreprises qui agissent et opèrent de manière durable, sont parfaitement adaptés à cet objectif. La probabilité qu'une gouvernance médiocre, des risques élevés ou des scandales compromettent leur succès est considérablement plus faible pour ces dernières que pour les autres. À cet égard, les investissements éthiques, sociaux et écologiques et durables correspondent également parfaitement à mon profil d'investisseur paresseux qui cherche à obtenir le plus grand succès possible tout en fournissant un effort gérable.

Dans le premier chapitre de ce livre, nous avons déjà examiné ce que notre capital peut faire lorsque nous investissons dans des projets et des entreprises durables. La question du rendement financier, cependant, est quelque chose que j'aimerais explorer plus en détail à ce stade du livre. Je reviendrai plus tard sur ce sujet lors de la présentation des huit stratégies pratiques.

Un certain nombre d'études, y compris celles réalisées par des universités et des entreprises telles que la Deutsche Bank ou Allianz, confirment que les rendements des investissements durables ne sont pas pires que les autres. A titre d'exemple, le Natur Aktien Index (NAI) peut être mentionné. C'est un fonds géré activement qui a enregistré un gain de plus de 82,5 % au cours des cinq dernières années (situation en 2018). Cela représente 16,5 % en moyenne par an. Ainsi, l'indice NAI a nettement mieux performé que le principal indice français CAC 40 (19 % au cours des 5 dernières années) ou l'indice MSCI World Index (53 % au cours des 5 dernières années). Je trouve cela très impressionnant.

La situation est similaire avec les investissements participatifs dans des entreprises durables ou le financement de projets durables. Dans la plupart des cas, les rendements diffèrent rarement de ceux des obligations de sociétés classiques.

Remarque : les investissements durables sont tout sauf des pièges financiers. Non seulement ils complètent parfaitement votre portefeuille du point de vue du risque, mais ils ont également un caractère positif et stabilisateur à long terme en termes de rendement.

Attention à ne pas faire cette erreur de calcul !

En matière financière, les émotions triomphent presque toujours sur l'esprit rationnel et la logique. C'est pourquoi je voudrais aborder tout d'abord l'une des erreurs de pensée et de calcul les plus typiques.

Si vous gagnez 50 % et perdez 50 % l'année suivante, combien de capital avez-vous ?

Tout d'abord, on serait tenté de dire que les profits et les pertes s'équilibrent et qu'on a à nouveau le montant original. Comme vous vous en doutez, c'est faux ! Une perte de 50 % ne peut pas être compensée par un gain de 50 %.

Exemple concret : si votre investissement de 100 euros perd 50 %, il tombe à 50 euros. Pour que votre investissement revienne au montant initial, il doit maintenant être doublé. Il faut donc qu'il augmente de 100 % pour revenir au niveau initial de 100 euros !

Par conséquent, vous devez savoir qu'une dépréciation de 50 % signifie que votre investissement doit augmenter de 100 % pour revenir à son point de départ ! Et c'est pourquoi la patience ainsi que la planification à long terme et les perspectives de placement de mes investissements sont toujours l'une de mes priorités !

La question du risque

« Le monde en a assez pour satisfaire les besoins de tous, mais pas pour assouvir la cupidité de tous. »

Mahatma Gandhi

Aucun investissement, pas même le compte d'épargne, n'est exempt de risque. Plus le risque est élevé, plus les profits sont abondants. Cependant, avec un risque plus élevé, la probabilité que l'investissement perde de la valeur ou même l'hypothèse de ruine totale augmente. Par conséquent, un équilibre sain entre les trois facteurs magiques que sont le risque, le rendement et la liquidité doit toujours être maintenu. La clé de cela est (en plus d'un horizon de placement à long terme) la diversification - et pas seulement. Tout d'abord, j'aimerais vous présenter les divers éléments de risque qui peuvent influer sur le rendement de vos placements et les retraits que vous pourriez effectuer. Sur cette base, nous pourrons alors élaborer une stratégie solide pour répartir ces risques afin de pouvoir enfin nous reposer à la fin de la journée et profiter de nos investissements raisonnables.

 # 1 Risque d'entreprise

Le cours et les rendements des projets ou des actions sont fortement influencés par des facteurs internes (tels que l'évolution des bénéfices ou du chiffre d'affaires). Ce risque s'appelle le risque spécifique à l'entreprise. Vous pouvez réduire le risque (non systématique) spécifique à l'entreprise grâce à une large sélection de vos investissements dans de nombreuses classes d'actifs et titres.

 # 2 Risque sectoriel

La situation est très similaire en ce qui concerne le risque sectoriel. En règle générale, l'évolution du cours des actions des entreprises est corrélée au sein d'un même secteur d'activité. Elle suit une même tendance. Cela n'est pas surprenant puisque ces entreprises visent un groupe cible similaire et utilisent les mêmes fournisseurs. Le risque sectoriel est donc particulièrement important pour nous, les investisseurs écoéthiques. Surtout lorsqu'il s'agit d'investissements éco-durables. Ceux-ci se concentrent souvent sur le secteur des « énergies renouvelables » (filtrage positif ou impact investing) ou excluent des industries entières (filtrage négatif), renforçant ainsi la concentration d'autres secteurs au sein du portefeuille écoéthique.

 # 3 Risque de marché

Le risque de marché, également connu sous le nom de risque systématique, décrit les risques causés, par exemple, par les variations des taux d'intérêt et les événements économiques ou politiques. Le risque de marché touche toutes les entreprises et est le seul risque que vous ne pouvez pas diversifier. Néanmoins, il peut être judicieux d'investir dans des valeurs durables, des sociétés et des projets de divers pays, en raison notamment des risques de marché systématiques. Cela peut réduire au moins une partie du risque de marché national.

 # 4 Risque de change

Cela nous amène à un autre facteur de risque. Le risque de fluctuation des devises. Cela est particulièrement vrai pour les fonds et en particulier pour les grands ETF (p. ex. All Country World SRI). Ceux-ci sont souvent émis uniquement en dollars américains. Ces monnaies peuvent devenir plus fortes (appréciation) ou plus faibles (dépréciation) par rapport à l'euro. Et c'est exactement ce qui doit nécessairement être intégré à votre équation d'investissement. Après tout, ces fluctuations monétaires peuvent générer des pertes supplémentaires, mais également améliorer encore les bénéfices. Cet aléa peut, par exemple, être contourné avec un ETF couvert contre le risque de change. Ils portent souvent la mention « hedged ».

 # 5 Risque de liquidité

La liquidité est l'un des quatre paramètres magiques d'investissement et fait référence à la négociabilité ou à la convertibilité des placements en espèces. Plus cela est rapide, bon marché et facile, plus la liquidité de l'investissement est élevée. Par exemple, alors que les investissements participatifs ont une très faible liquidité, les actions sont très liquides. En tant qu'investisseurs écoéthiques, nous disposons désormais de toute une gamme de classes d'actifs. Nous devrions faire attention à l'aspect liquide de nos investissements, mais comme mon horizon est à très long terme, je suis prêt à avoir moins de liquidité contre plus de rendement.

Notions de base sur le risque

Plus les divers facteurs de risque des valeurs de votre portefeuille sont indépendants, plus votre risque global sera faible. Bien entendu, plus vous investissez dans différentes catégories d'actifs, projets et sociétés, plus votre risque global est faible. C'est pourquoi la plupart des « gourous de la Bourse » recommandent, en fonction de vos préférences personnelles, de vous construire un portefeuille comprenant les trois classes de risque :

1. Investissements à faible risque et donc à faible rendement
2. Placements à risque modéré et à rendement modéré
3. Investissements à haut risque et à rendement élevé.

En fonction des catégories d'actif et des produits que vous avez retenus, vous devrez également choisir entre ces trois classes de risque, en fonction de vos préférences personnelles (et de votre âge).

La question de la diversification

« Rassemblez votre richesse sans détruire ses sources, elle augmentera progressivement. »

Siddhartha Gautama

Comprendre la diversification est crucial, non seulement sur le marché boursier, mais aussi pour chaque modèle d'entreprise. La diversification est une répartition des placements visant à réduire le risque.

Comment fonctionne-t-elle ?

Imaginez que vous devez parvenir à conserver votre récolte de pommes durant l'hiver. Si vous mettez toutes les pommes dans le même panier, une seule pomme pourrie suffit pour infecter toutes les autres et détruire votre récolte entière. Mais si vous mettez vos pommes dans plusieurs paniers, celui rempli de pommes pourries vous causera beaucoup moins de soucis !

Découverte : La théorie du marché financier de Harry Markowitz

Dans les années 1950, Harry Markowitz a jeté les bases du « Capital Asset Pricing Model » (CAPM) avec sa théorie du portefeuille. Cette dernière est toujours valable aujourd'hui. Elle explique entre autres qu'une plus grande diversification des risques conduit à des rendements plus élevés avec un risque plus faible. Cependant, le risque qui ne peut être évité est celui de marché ou systémique (également appelé « facteur bêta »). En termes simples : plus vous divisez votre investissement en catégories d'actifs, moins le risque est élevé. On parle de corrélation ou de dépendance de l'évolution par rapport aux cours des titres. Plus ils réagissent de la même manière à un seul et même événement, plus la corrélation (dépendance) est élevée. Cela augmente le risque dans le portefeuille (exemple : même affiliation sectorielle ou utilisation de fournisseurs identiques).

Plus le nombre de vos classes d'actifs et de vos titres est important et plus ils sont différents, moins vous risquez de perdre de l'argent à long terme. Seul le risque systémique auquel tous les titres sont soumis ne peut être évité. Ce dernier survient, par exemple, lorsque des décisions fiscales ou de politique fiscale (p. ex. des règlements) sont prises. Les crises sur les marchés financiers affectent généralement l'ensemble du marché.

J'ai déjà mentionné que les critères d'exclusion dans le cadre du filtrage négatif rendent difficile la diversification, car non seulement les entreprises peu éthiques et/ou écologiques, mais aussi des industries et des secteurs entiers sont exclus. Plus les critères d'exclusion sont restreints, plus il est difficile de trouver des sociétés capables de résister à ces critères. Cela limite notre choix et augmente en même temps la concentration de quelques industries ou entreprises et donc le risque. La même chose peut être observée avec le filtrage positif. Il limite souvent la capacité des gestionnaires à maximiser les profits. Bien sûr, c'est la raison pour laquelle nous investissons de cette façon, car nous ne voulons pas récompenser les comportements irresponsables. Mais je voudrais aussi être honnête avec vous et souligner ce risque potentiellement plus élevé en raison des possibilités limitées de diversification. Risque que nous, les investisseurs écoéthiques, oublions souvent très rapidement, surtout lorsqu'il s'agit de prendre des décisions émotionnelles, et les investissements éthiques, sociaux ou écologiquement durables rentrent dans cette case.

D'autre part, je voudrais également souligner que bon nombre des inconvénients mentionnés peuvent, à mon avis, être compensés par les avantages d'une orientation et d'une gestion d'entreprise durables avec un horizon de placement à long terme.

La question de l'échéance (horizon d'investissement)

« Bientôt, nous aurons tout le pic. »

Prof. Dr. Elmar Altvater

André Kostolany, un gourou de la Bourse, a déclaré un jour : « En Bourse, deux fois deux ne valent pas quatre, mais cinq moins un - et vous devez avoir le courage de supporter ce moins un. » Ces mots semblent simples et logiques. Cependant, je ressens encore et encore que la plupart des investisseurs privés enfreignent néanmoins ce conseil. Un jour ou l'autre, et au plus tard dès que le portefeuille affiche un chiffre négatif marqué de rouge, ils se laissent guider par leurs sentiments et commencent à réaliser des pertes.

À mon avis, en tant qu'investisseurs privés, nous devons éviter de trop investir activement sur le marché financier. Autrement dit, 99 % des investisseurs ne peuvent pas capitaliser via le trading ou la spéculation. Finalement, cela signifierait concourir contre les Goliath du monde de la finance qui sont beaucoup mieux informés et beaucoup mieux équipés ! Étant donné que les investisseurs écoéthiques partent du principe que leurs investissements ont besoin de temps pour se développer, ils se trouvent dans une bonne position de départ. Ils doivent simplement supporter les cours fluctuants s'ils veulent avoir un succès maximum à long terme sur le marché financier tout en devant y consacrer le moins de temps possible.

L'histoire de toutes les crises financières et boursières a montré à maintes reprises qu'un bas était suivi d'un haut et un haut suivi d'un bas. Aujourd'hui, on sait même qu'après des krachs majeurs, il faut généralement environ trois ans pour que les prix reviennent aux niveaux d'avant la crise et qu'à partir de là, ils atteignent de nouveaux sommets. Cependant, les crises financières sont souvent aggravées par le comportement émotionnel et l'instinct de rassemblement.

Je ne suis pas seulement un grand ami des investissements éthiques, sociaux et durables, mais aussi de l'automatisation et de la passivité. Moins je dois prendre soin de mes investissements, plus cela me rend heureux. Cela me permet de réduire mon engagement en termes de temps et surtout de préserver la distance émotionnelle nécessaire et extrêmement importante vis-à-vis d'eux. Je regarde le développement de mes investissements au plus une fois par mois. Pas pour faire des ajustements (je « rééquilibre » une fois par an), mais juste pour me réjouir de leur croissance.

Le saviez-vous ?

Aujourd'hui, la science financière valide le fait que c'est de loin la durée de l'investissement qui a la plus grande influence sur le risque. La performance dépend de 90 % de la durée de l'investissement et de moins de 2 % du point d'entrée. En termes simples, plus notre horizon de placement est long, moins le risque est élevé et plus il est probable que nous obtiendrons un gain important. Cela joue donc en faveur du profil d'investissement des investisseurs écoéthiques.

La question du rééquilibrage

« Nous devrions tous nous inquiéter pour l'avenir, car nous y passerons le reste de nos vies. »

Charles F. Kettering

La durée de l'investissement et la diversification sont, d'après la science, de loin, les paramètres les plus importants. La diversification ne repose pas uniquement sur différentes classes d'actifs, titres, sociétés ou projets, mais également sur des préférences de risque (faible, moyen, élevé). Selon le niveau de risque que nous sommes prêts à assumer, le rapport entre les investissements moins risqués (bons d'épargne, obligations ou ETF, etc.) et les investissements plus risqués (actions, crowdinvestments ou financement de projets) changera. Décider de vos préférences en matière de risque devrait être l'une des premières décisions à prendre pour uniformiser systématiquement vos investissements.

Les investissements sur le marché financier sont soumis à des fluctuations. Avec le temps, certains gagnent en valeur tandis que d'autres en perdent. Mais cela déséquilibre également la pondération des classes d'actifs ou des titres de votre portefeuille. C'est pourquoi il est conseillé de le rééquilibrer régulièrement - au moins une fois par an. Dans le jargon technique, ce processus s'appelle le rééquilibrage.

Il existe deux stratégies simples pour rétablir l'équilibre dans le portefeuille. Soit vous achetez des actions (à risque faible ou élevé), soit vous vendez autant jusqu'à ce que le ratio de risque souhaité soit restauré. Par exemple, si la partie à faible risque de votre portefeuille a perdu de la valeur, vous pouvez acheter des actions à faible risque ou vendre des actions à haut risque - et inversement !

Investissements durables - une méga tendance ?

« Trop de gens dépensent de l'argent qu'ils ne méritent pas pour acheter des choses qu'ils ne veulent pas et impressionner des gens qu'ils n'aiment pas. »

WILL ROGERS

Combiner rendement, sécurité et durabilité, fait en sorte que de plus en plus de gens s'intéressent à la chose. Les investissements durables passent actuellement d'un produit de niche peu sollicité à une méga tendance. En effet, ce sont précisément des produits pour les investisseurs qui poursuivent un horizon de placement à long terme, qui recherchent plus de sécurité ou qui souhaitent bénéficier de rendements plus stables qu'offre le secteur des investissements durables. En outre, un engagement plus long signifie bien entendu du trading moins actif et donc une réduction significative des coûts de transaction (qui devraient sinon être d'abord compensés par un rendement supplémentaire). Un facteur clé qui rend souvent les investissements à long terme plus fructueux.

Non seulement de plus en plus d'investisseurs privés à orientation écologique et/ou sociale sautent dans le train des investissements durables. Mais les investisseurs institutionnels se concentrent également de plus en plus sur le long terme.

Raisons et avantages de la méga tendance qu'est la durabilité

« La consommation n'étant qu'un moyen de bonheur pour l'homme, l'objectif devrait être d'obtenir le maximum de bonheur avec un minimum de consommation. »

Ernst Friedrich Schumacher

En plus de l'intérêt croissant des investisseurs (institutionnels) pour les placements financiers durables, le changement démographique ne doit pas être oublié. Après tout, les « millennials », ceux nés entre 1980 et 2000, sont de plus en plus à la recherche de critères durables dans leurs investissements. J'observe également cela autour de moi lorsque j'évoque le sujet. Fondamentalement, nous recherchons tous un moyen de contribuer à la durabilité. Les « millennials » hériteront d'actifs financiers de plus de 20 000 milliards d'euros au cours des prochaines décennies. Comment cette génération va-t-elle investir tout cet argent ? Il est plus que probable qu'ils investissent une partie négligeable de leurs actifs dans des produits financiers durables.

En outre, il devient évident que de plus en plus de femmes s'émancipent en matière financière, prennent leurs finances en main et investissent de l'argent. On observe également une augmentation du nombre de femmes occupant des postes d'encadrement. Ceci est pertinent car les femmes ont généralement un intérêt nettement plus élevé à investir leur argent selon des critères durables. Dans l'ensemble, les femmes s'intéressent davantage au bien commun (famille ou société) qu'au monde masculin plus compétitif.

En outre, il convient de souligner que de plus en plus de familles riches, dont les investissements sont repris par des « family offices », accordent de la valeur aux facteurs écologiques et éthiques et sociaux. Pour plus de la moitié de ce segment d'investisseurs, les facteurs de rendement et de durabilité ont la même signification.

Il faut également s'attendre à ce que d'autres décisions réglementaires soient prises par les politiques dans un avenir proche. En particulier, la lutte contre le changement climatique, ainsi que les scandales (par exemple, les conditions de travail dans l'industrie textile) d'entreprises moins éthiques, pourraient amener les politiciens à renforcer la loi. Je pense qu'il est très probable que les entreprises et leurs dirigeants seront de plus en plus tenus pour responsables à l'avenir. Il est concevable que les entreprises qui agissent et opèrent de manière durable bénéficient non seulement d'un soutien accru, mais aussi que celles qui ne sont pas intéressées par la durabilité soient pénalisées. Une évolution qui se reflétera également dans la valeur des entreprises et dans la variation du cours des actions.

Ces développements sont positifs pour nous, investisseurs écoéthiques, même d'un point de vue financier. On peut supposer que ces évolutions alimenteront encore plus la demande de valeurs et d'investissements durables, et qu'elles entraîneront également une hausse des prix sur les marchés financiers.

Quelles sont les grandes tendances ?

« Penser à la finalité de tout ce que tu fais, c'est la durabilité. »

ERIC SCHWEITZER

Avant d'entrer dans le vif du sujet, j'aimerais vous présenter quelques industries et secteurs qui sont particulièrement importants pour la méga tendance durable des investissements financiers. Cela devrait vous aider au départ et vous servir aussi plus tard dans votre recherche de diversification de vos investissements afin de réduire le risque légèrement plus élevé de concentration qu'engendrent les placements durables.

Je tiens à souligner une fois de plus qu'investir de manière durable dans mon opinion (bien entendu subjective) est associé à moins de risque. Plus les entreprises et les organisations agissent de manière durable, plus le risque de perte est faible - surtout à long terme ! Les chefs d'entreprise qui recherchent la durabilité environnementale et sociale sont plus susceptibles de prendre des risques (à long terme) et ont plus de marge de manœuvre, car ils sont soutenus et souvent encouragés par les parties prenantes et les investisseurs.

Méga tendance # 1 : les énergies renouvelables

L'utilisation des énergies renouvelables est importante à plusieurs égards. Avec la réduction croissante de la part du nucléaire, l'efficacité de la production d'énergie diminue, mais dans le même temps, on renonce à une production d'énergie qui comporte des risques élevés et dont la gestion de ses déchets n'a pas encore été clarifiée. La situation est la même avec le charbon et le pétrole qui ne produisent de l'énergie que de manière très inefficace et cela émettant du CO_2 en abondance. Le secteur de la mobilité électrique est également à l'ordre du jour pour de plus en plus de constructeurs automobiles. Cela favorise des formes alternatives de production d'énergie telles que les centrales photovoltaïques ou éoliennes. En outre, de nombreux gouvernements se concentrent de plus en plus sur les énergies renouvelables, et ils reçoivent des financements publics ou même internationaux. Ces subventions font que les nouvelles entreprises du secteur des énergies alternatives poussent comme des champignons. Parmi celles-ci on ne compte pas seulement les producteurs d'énergie, mais aussi ceux qui utilisent cette énergie. L'industrie des cleantechs, par exemple, utilise des technologies environnementales propres et veut protéger la nature des influences néfastes ou réduire ces dernières.

Domaines et secteurs intéressants des énergies renouvelables touchés par le passage à la durabilité :

- Mobilité respectueuse de l'environnement et modes de conduite alternatifs
= > p. ex. e-mobilité
- Production d'énergie respectueuse de l'environnement
= > p. ex. énergie solaire, photovoltaïque, éolien, géothermie, biomasse
- Mode de vie économe en énergie
= > p. ex. maisons passives, mini-maisons, maisons à énergie zéro, mai sons en paille ou en chanvre

Méga tendance # 2 : alimentation et approvisionnement

L'industrie alimentaire a également connu une période de bouleversements au cours des deux dernières décennies. La demande d'aliments produits de manière biologique, équitable ou régionale a explosé. Même avant l'an 2000, ces produits n'étaient disponibles que dans les magasins bios spécifiques. Aujourd'hui, ils sont devenus chics et « à la mode » ! Les LOHAS, « Lifestyles of Heath and Sustainability », ne constituent pas seulement un groupe croissant de personnes qui souhaitent vivre sainement et durablement, mais appartiennent souvent aussi aux (très) aisés de la société.

De plus, à mon avis, le thème de l'eau marquera le XXIe siècle comme aucun autre. Pas de vie sans eau, et pas de production industrielle non plus. Des épisodes de chaleur plus intenses et plus longs, déclenchés par le changement climatique en cours, aggraveront encore ce problème. L'eau potable pourrait devenir un produit de luxe dans quelques décennies.

Domaines et secteurs intéressants de l'alimentation et des services publics touchés par le passage à la durabilité :

- Vente au détail et gastronomie
  = > demande croissante d'aliments régionaux, biologiques et issus du commerce équitable
- Pénurie d'eau
  = > traitement de l'eau et alimentation en eau

Méga tendance # 3 : économie durable

À mon avis, le législateur exigera (ou du moins encouragera ou punira en l'absence) le développement durable dans un avenir proche. Les entreprises qui s'engagent dans cette voie s'intéressent à un mode de production écologique et au bien-être de leurs employés, de leurs fournisseurs et de leurs clients. En conséquence, outre les processus de production respectueux de l'environnement, de plus en plus d'exigences éthiques et morales sont au centre des préoccupations de la direction de nombreuses entreprises. Par ailleurs, de plus en plus de consommateurs recherchent des produits fabriqués de manière durable et exercent ainsi une pression sur ceux à la tête des entreprises. Bien sûr, cela présente également des avantages financiers. Les travailleurs motivés sont plus efficaces et productifs, la production écologique est plus économe en énergie et en ressources et l'image des entreprises opérant de manière durable est généralement bien meilleure.

Domaines et secteurs intéressants de l'économie durable touchés par le passage à la durabilité :

- Production respectueuse de l'environnement

= > recyclage

- Droits et satisfaction des employés

=> RSE (Responsabilité Sociale d'Entreprise), comité d'entreprise, rémunération équitable, bonnes conditions de travail

« Dans l'ensemble, on peut dire que les entreprises ayant une bonne performance en matière de développement durable, en particulier dans le domaine de la gouvernance, se préoccupent davantage des influences externes possibles de leurs activités commerciales. Elles sont mieux préparées à faire face aux opportunités et aux risques, à agir de manière plus proactive et à réagir plus rapidement aux défis potentiels. C'est pourquoi nous intégrons la durabilité dans notre stratégie d'investissement et l'examinons de très près. »

INGO SPEICH, RESPONSABLE DU DÉVELOPPEMENT DURABLE CHEZ UNION INVESTMENT

Méga tendance # 4 : vivre et construire

Nous sommes rarement conscients que chaque produit que nous consommons ne peut être créé que par l'utilisation (parfois considérable) de ressources. Dans le secteur de la construction en particulier, la consommation de ressources est énorme ! Cela ne s'applique pas seulement aux biens immobiliers privés, mais également commerciaux. Ici aussi - et pas seulement pour des raisons de coût - une réflexion est engagée. L'énergie et les ressources deviennent de plus en plus chères. En outre, l'évolution démographique, en particulier pour une génération vieillissante, a une forte influence sur l'avenir du logement - également pour des raisons de coût.

Domaines et secteurs intéressants du logement et de la construction touchés par le passage à la durabilité :

- Construction respectueuse de l'environnement et des ressources
= > p. ex. bâtiment écologique (maisons en paille, mini-maisons), routes en matériau recyclé
- Mode de vie économe en énergie
= > maisons passives et à énergie zéro, toits solaires et photovoltaïques

Méga tendance # 5 : social et santé

La cinquième méga tendance marquera l'avenir en fonction des changements démographiques et sanitaires de notre société. Non seulement elle vieillit de plus en plus, mais elle devient de plus en plus individualiste. Par ailleurs, la santé coûte toujours plus cher et deviendra bientôt un luxe. Et c'est sans compter le nombre croissant de malades. Ce n'est pas pour rien qu'il y a une véritable ruée vers l'or dans cette industrie et que les entreprises réalisent des profits records !

Domaines et secteurs intéressants dans le social et la santé touchés par le passage à la durabilité :

- Institutions sociales
= > maisons de retraite, communautaires et multigénérationnelles
- Méthodes de guérison alternatives et médicaments
= > Alternatives à la médecine classique
- Intégration
= > personnes handicapées (jardins d'enfants et écoles inclusives), per sonnes issues de l'immigration ou réfugiées (permettant l'éducation et la création d'emplois)

Comme vous pouvez le constater, ces cinq grandes tendances auront d'énormes conséquences sur nos vies futures. Il est fort probable, à mon avis, qu'à l'avenir, les entreprises classiques de nombreux secteurs soient complétées voire complètement évincées par des entreprises éthiques, sociales et/ou écologiquement responsables.

L'investissement écoéthique en pratique

« Nous voyons qu'une crise bancaire presque délibérément auto-entretenue nous a conduit à retarder les actions permettant d'éviter la ruine de la planète. »

Klaus Töpfer

Dans mes livres, j'attache toujours une grande importance à proposer une base théorique solide. C'est à mon avis le seul moyen réaliste permettant de prendre des décisions d'investissement éclairées. En effet, le chemin de la pratique est tout sauf facile. Un grand nombre d'opportunités d'investissement écologique, durable, éthique et social s'offrent à nous. Plus nous avons traité le sujet de manière théorique en amont, plus nous pourrons ensuite mettre en œuvre des stratégies spécifiques dans la pratique de façon efficace et simple.

En effet, la meilleure façon d'apprendre est de tomber et de se relever encore et encore. Plus notre champ d'expérience est vaste, plus nous serons prévoyants à l'avenir. Plus nous commettons d'erreurs, plus la courbe d'apprentissage est longue et raide. Vous devriez toujours y penser. Les échecs sont ni plus ni moins qu'un retour d'information pour vous pousser à faire les choses un peu différemment à l'avenir.

Par conséquent, dans ce chapitre, nous commençons également par les bases, avant de vous présenter huit opportunités d'investissement durables différentes. Je les placerai ensuite dans le contexte du carré magique des investissements durables.

Préparation à l'investissement écoéthique

« Nous vivons dans une époque dangereuse.
L'homme domine la nature avant d'avoir appris à se contrôler. »
ALBERT SCHWEITZER

La plupart des investisseurs privés sont orientés court terme. C'est normal, après tout, la patience n'est pas nécessairement dans notre nature. Mais elle est précisément une qualité particulièrement importante en matière d'investissement. Dans le cas des investissements durables, peut-être même encore plus. Par conséquent, nous devons d'abord nous occuper de nos exigences et de nos objectifs avant de choisir une banque ou un courtier appropriés. Ensuite, je vous présenterai deux modèles multicomptes intéressants qui vous aideront à gérer vos efforts d'épargne et votre investissement sans devoir y consacrer beaucoup de temps vous permettant ainsi de ménager votre patience et de garder une distance émotionnelle.

Une fois ces étapes terminées, vous pourrez vous consacrer pleinement aux différentes stratégies et produits d'investissement. Dans ce livre, je liste huit investissements particulièrement intéressants et durables. Il convient de noter que tous les investissements durables ne conviennent pas à tous les investisseurs écoéthiques. Certains sont plus transparents et produisent une plus grande influence positive, tandis que d'autres le sont moins et ont un impact social et environnemental moindre. De plus, leurs profils de liquidité, de risque et de rendement divergent.

Je suis convaincu qu'au moins deux ou trois stratégies d'investissement durable retiendront votre attention. Avec tout cela, vous devriez être prêt pour vous lancer.

Vos besoins et objectifs financiers

Pour que vous puissiez prendre des décisions réfléchies, vous devez d'abord savoir où vous en êtes et où vous voulez aller. Sinon, vous courrez sans connaître la direction et vous vous perdrez rapidement. Je me rends compte que ce sujet pourrait être étendu à un livre entier. C'est pourquoi je voudrais juste vous poser quelques questions. Les réponses devraient être suffisantes pour vous permettre de prendre les premières décisions financières judicieuses. Cela devrait être suffisant pour choisir les stratégies les plus adaptées à votre situation personnelle.

Les questions dépendent les unes des autres. Veuillez donc prendre quelques minutes pour y répondre avant de continuer à lire.

Voulez-vous investir pour vous constituer un capital ou pour générer des revenus passifs ?

- Quel montant visez-vous ?
- Combien de temps vous laissez-vous ?
- À combien s'élève votre revenu ?
- Générez-vous déjà un revenu passif ? Combien ?
- Avez-vous déjà un (petit) capital ou êtes-vous endetté ?
- Quel pourcentage de votre revenu net pouvez-vous économiser chaque mois ? Si vous êtes endetté, vous devez d'abord utiliser vos économies pour régler vos dettes puis investir le reste.

- Est-ce que ce pourcentage (question 7) est suffisant pour atteindre votre objectif (question 2) avant l'échéance que vous vous fixez (question 3) ?

- Sinon, pouvez-vous réduire vos dépenses, augmenter votre taux d'épargne/investissement ou gagner plus ? De quelle manière ?

Les réponses à ces questions successives devraient vous donner un repère, une sécurité et une orientation réalistes. Vous savez maintenant où vous en êtes et où vous voulez aller. Maintenant, vous devez « seulement » mettre tout cela en pratique. Mais avec quelle banque ?

La bonne banque

Les banques et les courtiers ne sont pas tous identiques. Certains sont plus durables que d'autres. Les investisseurs écoéthiques véritablement durables doivent donc d'abord prêter attention à la philosophie de la banque et/ou du courtier. En effet, les prêts aux fabricants d'armes, aux propriétaires d'usines ou aux exploitants de centrales nucléaires, comme cela est devenu courant dans de nombreuses banques commerciales, ne sont pas monnaie courante dans les banques durables. Voici un premier aperçu des normes écologiques, éthiques et sociales avec lesquelles certaines banques travaillent. Ici, je demande à ceux qui souhaitent en savoir plus de faire des recherches complémentaires. Par exemple, l'organisation « Facing Finance » publie régulièrement son rapport « Dirty Profits », qui souligne de manière très critique les projets et les entreprises dans lesquels les grandes banques commerciales investissent.

Mais vous devez également savoir que les banques orientées vers le secteur durable exigent souvent des frais de gestion de compte. Ceux-ci sont acceptables et ne dépassent pas les 50 € par an, mais réduisent le rendement de votre investissement par rapport à un compte courant ou à un courtier (en ligne) gratuit. Les taux d'intérêt sont plutôt médiocres dans ces banques. D'un autre côté, les banques durables sont beaucoup plus transparentes dans l'utilisation de leurs fonds. Elles communiquent beaucoup plus sur leurs activités en termes de rendement, de risque, de liquidité et de durabilité.

Pour commencer, j'ai sélectionné les quatre banques durables les plus importantes et les plus prospères en France, Belgique et Suisse.

1 La Nef

La Nef est considérée comme la première coopérative financière française à vocation sociale et écologique (depuis 1988). Comparée aux banques classiques, elle ne possède pas de succursales implantées dans les principales villes françaises. Les grandes banques qui comptent de nombreuses succursales facturent généralement des frais plus élevés (gestion de compte) que les banques directes. Pour ce qui est de La Nef, les tarifs sont très bas (au moment où j'écris ce livre). En effet, tout est gratuit or les opérations exceptionnelles. C'est une banque coopérative, ce qui peut être un avantage considérable en période de difficultés économiques. En revanche, vous ne pouvez pas (encore) retirer d'argent aux distributeurs automatiques. L'option compte courant/carte bancaire n'est pas (encore) disponible. L'argent des épargnants est versé sous forme de prêts à des projets écologiques et sociaux. Les produits de La Nef sont destinés aux investisseurs ayant une perspective à long terme. Il est notamment possible d'acquérir des parts sociales, d'ouvrir un livret Nef ou encore un compte à terme Nef.

2 Crédit Coopératif

Le Crédit Coopératif a été fondé en 1893. Il est l'union de la Banque coopérative des associations ouvrières, et de la Caisse centrale de crédit coopératif. À l'inverse de la Nef, il dispose de nombreuses succursales implantées un peu partout sur le territoire français. Toutefois, il ne dispose pas d'en vaste réseau de distributeurs de billets. À l'heure où j'écris ces lignes, j'en compte une douzaine. Mais rassurez-vous, il a un partenariat avec la Banque Populaire et la Caisse d'épargne vous permettant de retirer de l'argent sans frais à leurs distributeurs. En plus du compte courant, le Crédit Coopératif propose également des placements à court et à long terme, des livrets qui contribuent à l'économie locale et environnementale, des parts sociales, des actifs OPC, du financement participatif et des produits plus classiques comme un PEL ou livret A. La devise est « mettre de l'argent de côté et le faire fructifier tout en agissant pour l'intérêt général, c'est possible, si vous le souhaitez ! ».

 # 3 Banque Triodos

La Banque Triodos est une banque directe néerlandaise ayant une succursale en Belgique. Elle s'adresse uniquement aux résidents Belges. Elle est considérée comme la première banque durable en Europe. Avec plus de 600 000 clients, c'est elle qui en a le plus. En tant que client, vous recevrez une carte de crédit avec laquelle vous pourrez retirer de l'argent gratuitement dans les distributeurs automatiques de billets avec le symbole MasterCard en Belgique. Bien que la Banque Triodos n'accorde pas de prêts à des clients privés, elle propose en plus du compte courant divers instruments d'investissement durable.

 # 4 Banque Alternative Suisse

La quatrième banque durable à son siège social à Olten, en Suisse. Elle s'adresse uniquement aux résidents Suisses. La Banque Alternative Suisse, également connue sous le nom de BAS, est spécialisée dans la promotion de projets qui servent au bien commun, à l'être humain, à la nature et à une qualité de vie respectueuse de l'environnement pour les générations actuelles et futures. La BAS propose tous les services d'une banque classique, compte courant, carte de crédit, compte d'épargne et prévoyance, investissements responsables, actions, etc.

Ouvrir un PEA ou un compte-titres, oui, mais où ?

Si vous souhaitez investir sur le marché financier (durable), vous avez besoin d'un PEA ou d'un compte-titres. Les actions, obligations ou fonds ne peuvent être achetés que par l'intermédiaire d'un courtier et gérés avec un compte-titres ou un PEA. Mais il existe aussi d'autres manières d'investir de manière écologique, éthique, durable et socialement responsable. Dans ce cas vous vous passez des instruments de placement susmentionnés et vous vous concentrez sur les comptes d'épargne à faible taux d'intérêt ou sur l'impact investing via le crowdinvesting et le financement de projets. Toutefois, cela entraîne une augmentation du risque global de votre portefeuille avec un rendement moindre - une mauvaise idée d'un point de vue financier. Si les frais de gestion d'un PEA ou d'un compte-titres via une banque éthique sont trop chers pour vous, il existe une alternative.

Je vous ai déjà présenté ma structure de compte dans le chapitre précédent. Si vous souhaitez tirer parti de toutes les opportunités de placement, vous pouvez vous en inspirer. Ainsi, vous réussirez, comme moi, à obtenir le meilleur de toutes les alternatives existantes.

1. Ouvrir un compte courant dans une banque éthique pour les dépenses ordinaires et pour épargner et investir de manière durable
2. Ouvrir un livret d'épargne (votre matelas de sécurité)
3. Ouvrir un PEA ou un compte-titres chez un courtier en ligne

Avec cette structure, vous utilisez le principe du modèle multicompte qui offre beaucoup de latitude pour réaliser des investissements durables. La sélection des courtiers est tout sauf facile. Sur www.financepreneur.fr/devenir-libre-financierement, vous pouvez télécharger un comparatif des courtiers en ligne. En effet, le bon compte-titres dépend de nombreux facteurs. Pour moi, une grille tarifaire transparente, une gestion de compte gratuite permettant de limiter les coûts de transaction et de fonctionnement, ainsi que la possibilité d'investir dans de nombreux ETFs sont des exigences de base. J'ai donc choisi le courtier en ligne Onvista (un équivalent français peut être Boursorama). Cependant, il n'est pas connu pour sa durabilité.

Avant de commencer : modèle multicomptes et taux d'épargne

Un modèle à plusieurs comptes est l'outil ultime pour maximiser le rendement financier en un minimum de temps. Mon conseil : plus vous automatisez vos mouvements d'argent, mieux c'est. Cela vous permet d'augmenter le niveau de passivité. Plus le niveau de passivité est élevé, moins vous passez de temps mois après mois à vous occuper de vos investissements. Cela augmente votre salaire horaire passif. Un aspect qui est souvent complètement négligé par de nombreux traders et investisseurs actifs.

Votre salaire/revenu est versé sur votre compte courant durable. Votre objectif devrait être d'économiser au moins 20 % de ce dernier chaque mois. Je vais tout de suite vous expliquer pourquoi. Pensez également à mettre en place des ordres de virement permanent mensuels avec le montant que vous souhaitez. Ils alimentent chaque mois un livret, un compte à terme et un compte-titres ou PEA. La structure de mon modèle à plusieurs comptes est très simple.

1. Une partie de l'ordre permanent va sur mon livret durable (5 %).
2. Une autre part va sur mon compte-titres (15 %).

Quand devrais-je économiser et pourquoi 20 % ?

Payez-vous en premier, c'est-à-dire que chaque début du mois vous mettez de côté pour épargner ou investir. C'est le seul moyen d'épargner sans devoir faire d'efforts majeurs. En effet, vous êtes ensuite obligé de finir le mois avec le budget qui vous reste.

Un objectif ambitieux est 20 % de votre revenu net mensuel. Je sais, c'est beaucoup d'argent !

Mais chaque centime de plus signifie moins de temps d'attente avant d'atteindre la liberté financière. Le chiffre de 20 % qui était à l'origine

16,67 %, a été trouvé par le professeur américain Wade Pfau. Sa théorie : si vous multipliez vos dépenses annuelles par 25, vous pouvez alors retirer et consommer 4 % de ce montant par année pendant 30 ans. Un modèle de pension sophistiqué qui repose sur la somme de vos dépenses et a donc des implications importantes sur votre propre comportement de consommation. Par exemple, si vous dépensez 10 000 € par an, vous aurez besoin de 250 000 € pour vivre pendant 30 ans (4 % par an équivaut à 10 000 € - votre dépense annuelle).

Votre taux d'épargne doit donc être adapté à vos dépenses. Plus vous dépensez, plus votre niveau de vie est élevé et plus vous devez épargner d'argent pour ne pas vous réveiller un jour au milieu d'un cauchemar financier. Pour la plupart des gens, une économie de 20 % est donc une valeur réaliste.

Avec ces conditions préalables, vous êtes maintenant prêt à vous familiariser avec les huit stratégies d'investissement durable.

Stratégie # 1 : les livrets, dépôts à terme et bons de caisse

« Tout ce qui est contre nature
n'est pas durable à long terme. »
CHARLES DARWIN

Comme vous le savez, en tant qu'investisseurs écoéthiques intelligents, nous agissons toujours selon les critères de durabilité, de rendement, de sécurité et de liquidité - en d'autres termes, dans le cadre de notre carré magique d'investissement. Cependant, un certain coussin de trésorerie est impératif et important pour pouvoir faire facilement face aux impondérables financiers. L'État français garantit les dépôts des épargnants par l'intermédiaire du système de garantie des dépôts (je doute toutefois qu'il résiste à bank run. De toute manière lorsqu'il est question d'épargne, la confiance des personnes prime).

Surtout lorsque vous avez un besoin de sécurité élevé et que vous recherchez de la liquidité, les livrets et les dépôts à terme auprès d'une banque durable sont des options viables. D'autre part, il doit être clair pour vous que vos rendements sont basés sur les taux d'intérêt du marché des capitaux et que, depuis la mi-2018, ils sont à des niveaux nuls. Malheureusement, en période de taux d'intérêt bas, il n'est donc guère possible de réaliser un bénéfice financier significatif. Mais le rendement net de vos investissements devrait au moins dépasser le taux d'inflation. Plus le taux d'inflation est élevé, plus votre rendement doit être élevé. Ce n'est qu'ainsi que vous pourrez éviter toute perte réelle de pouvoir d'achat. Les taxes et autres impôts ne sont pas pris en compte ici !

Personnellement, je n'ai ni dépôt à terme ni compte d'épargne. J'ai uniquement un livret sur lequel, en plus d'avoir un matelas de sécurité représentant 3 mois de salaire net, je verse mensuellement 5 % de mon revenu net. Avec un coussin de sécurité de trois mois de salaire, je me protège des impondérables financiers et des obligations financières imprévisibles (réparation de voiture, par exemple). Les économies supplémentaires de 5 % servent ma liberté financière et je ne les touche jamais. C'est pourquoi je l'appelle compte liberté. Bien qu'elle soit petite, la somme cumulée continue de produire des intérêts de façon continue et j'apprécie sa croissance régulière.

Livret d'épargne

Un livret d'épargne est similaire à un compte courant à taux variable. Les taux d'intérêt s'adaptent au marché monétaire. Le livret est très liquide et convient donc très bien comme matelas de sécurité et comme réserve de trésorerie. Vous pouvez accéder à votre solde à tout moment. De plus, contrairement aux comptes à terme, par exemple, vous n'avez pas à vous inquiéter des délais de préavis.

Cependant, un livret ne peut pas être utilisé pour les paiements quotidiens. Vous devez toujours transférer votre argent sur un compte courant pour pouvoir en disposer. Mais pour moi, c'est un avantage car je suis moins tenté d'aller piocher dedans. Comparaison des livrets durables :

Banque (tableau au 03/2019)	Rémunération (brut) par an	Crédit des intérêts	Plafond
La Nef	0,10 %	Annuel	Illimité
Crédit coopératif	1 % jusqu'à 15 300 € 0,10 % au-delà	Annuel	Illimité
Banque Triodos (uniquement en Bel-gique)	0,01 % de taux de base et 0,30 % de prime de fidélité sur une base annuelle	Intérêt de base : annuel Prime de fidélité : trimestriel	500 € par mois
Banque Alternative Suisse (uniquement en Suisse)	0 % jusqu'à CHF 75 000 0,75 % au-delà	Annuel	N/A

À noter : plus l'intérêt est crédité souvent, mieux c'est. Cela permet de profiter de l'effet des intérêts composés. L'accumulation est le réinvestissement d'intérêts ou de dividendes.

Compte à terme

Contrairement au livret, vous ne pouvez pas avoir accès à votre argent tous les jours avec les comptes à terme. De nombreuses banques éthiques offrent un taux d'intérêt plus élevé pour les échéances fixes, généralement entre 3 et 12 mois, mais il est également possible d'atteindre une période allant jusqu'à 10 ans.

Si vous avez un compte à terme, vous recevrez plus tard un montant prédéterminé à une échéance fixée à l'ouverture du compte. Le montant de votre placement produit des intérêts, habituellement annuellement, à un taux d'intérêt fixe. Ces derniers vous sont versés à échéance avec les intérêts composés. Contrairement au livret, le taux d'intérêt n'est pas variable, mais fixe. Comparaison des comptes à terme durables :

Banque (tableau au 03/2019)	Intérêt par an	Durée minimale en mois	Dépôt minimum en euros	Garantie des dépôts
La Nef	de 0,10 % à 0,30 %	12 mois	5 000 €	100 000 €
Crédit Co-opé-ratif	pas d'offre	/	/	/
Banque Trio-dos (uniquement en Belgique)	de 0 % à 0,80 %	12 mois	2 500 €	100 000 €
Banque Al-ter-native Suis-se (uniquement en Suisse)	0 % jusqu'à CHF 75 000 0,75 % au-delà	N/A	N/A	100 000 €

Avec les comptes à terme, vos intérêts sont automatiquement réinvestis. En conséquence, vous bénéficiez de l'effet des intérêts composés.

Les bons de caisse

Les bons de caisse ont des échéances fixes avec des taux d'intérêt variables. Vous ne pouvez pas disposer de l'argent placé durant une période pouvant aller jusqu'à 20 ans. Les bons de caisse produisent soit des intérêts annuellement, soit les intérêts sont accumulés et payés à l'échéance (offrant généralement un rendement plus élevé).

Banque (tableau au 03/2019)	Intérêt par an	Durée minimale de fonctionnement	Dépôt minimum en euros	Garantie des dépôts
La Nef	Pas d'offre	/	/	/
Crédit Coopé-ratif	Pas d'offre	/	/	/
Banque Trio-dos (uniquement en Belgique)	Pas d'offre	/	/	/
Banque Alter-native Suisse (uniquement en Suisse)	0,125 % à 0,5 %	6 ans	CHF 5 000	CHF 100 000

Si vous souhaitez économiser en toute sécurité des montants mensuels, un compte d'épargne est une bonne idée. Malheureusement, les faibles taux d'intérêt ne sont guère attractifs d'un point de vue financier, car ils ne permettent pas de compenser l'inflation.

Stratégie # 2 : obligations durables

« Les gens d'aujourd'hui veulent non seulement la durabilité environnementale, mais aussi la participation, la justice sociale, le respect culturel, la résilience en cas de crise. Quiconque veut donner la priorité à la protection du climat avant tous les autres intérêts ressemble étrangement à un forestier qui cherche le salut des épinettes. »

FRANK UEKÖTTER

Les obligations ne diffèrent en principe pas tellement d'un dépôt à terme. Après tout, vous « prêtez » ici votre argent pour une durée déterminée aux États ou aux entreprises qui souhaitent se financer via le marché des capitaux en utilisant du capital emprunté. Donc, vous prenez la position du créancier et non du copropriétaire (comme dans le cas des actions). Par conséquent, vous n'avez par exemple, pas de droit de parole dans les assemblées générales. Votre capital investi est rémunéré sous la forme d'intérêts, qui sont soit variables, soit fixés à l'avance. Le remboursement se fait généralement à la fin du terme. Pour bénéficier de l'effet des intérêts composés, vous devez réinvestir les intérêts gagnés (accumuler). Toutefois, une obligation étant un titre, elle est soumise aux fluctuations des cours, et dépend des taux d'intérêt du marché monétaire. Le lien est simple.

Le taux du marché des capitaux baisse
=> le cours de vos obligations augmente parce que le titre rapporte des intérêts plus élevés que les titres nouvellement émis
=> votre rendement augmente

Le taux du marché des capitaux augmente
=> le cours de vos obligations baisse parce que le titre rapporte moins d'intérêts que les titres nouvellement émis
=> votre rendement baisse

Comme vous pouvez le constater, dans les obligations, par opposition aux dépôts à terme ou aux bons de caisse, les taux d'intérêt des marchés financiers jouent un rôle important et sont une source de gains ou de pertes supplémentaires.

De nos jours, le marché obligataire distingue généralement les obligations d'État des obligations d'entreprise. À la grande joie de l'investisseur écoéthique, des approches et des normes qui évaluent et notent les États ou les entreprises sur leur respect des facteurs de durabilité, d'écologie, d'éthique et de responsabilité sociale ont été adoptées.

Obligations d'État

Les États se financent principalement par le biais des impôts. Cependant, le refinancement s'effectue sur le marché des capitaux via des obligations d'État. Ces dernières, également appelées bonds (en anglais), sont des titres émis par les États. Le créancier est rémunéré par des intérêts pour le prêt temporaire de ses fonds. Les échéances peuvent varier de quelques mois à plusieurs décennies. Plus le terme est long, meilleur est le taux d'intérêt.

Les obligations d'État sont considérées comme l'un des titres les plus sûrs sur le marché financier, les économistes continuant de croire que les États ne peuvent pas faire faillite. En pratique, cette théorie est controversée, car les faillites d'État sont plutôt la règle que l'exception. Bien que les obligations d'État soient des titres à faible risque, le risque de perte totale est réel ! En période de taux d'intérêt bas, ce sont précisément les obligations d'État considérées comme particulièrement sûres qui rapportent peu ou pas d'intérêts (par exemple, les obligations d'État allemandes en 2016).

Mes recherches m'ont permis de découvrir l'entreprise « Oekom Research AG » qui est particulièrement bonne et digne de confiance. Dans le cadre du « Oekom Country Rating », elle évalue les pays selon une centaine de critères écologiques et sociaux. Les critères de filtrage positif et d'exclu-

sion sont utilisés.
Pour le filtrage positif, elle prend en compte notamment les aspects :

- **Sociaux :** système politique et gouvernance, corruption, blanchiment d'argent, stabilité politique, droits de l'homme et liberté, discrimination, politique de genre, système juridique, santé, éducation, travail
- **Environnementaux :** utilisation des sols, biodiversité, eau, changement climatique, énergie, agriculture, industrie, transports, consommation privée

Les critères d'exclusion les plus importants sont :

- **Sociaux :** régime autoritaire, travail des enfants, corruption, peine capitale, discrimination, euthanasie, liberté d'association, liberté de la presse et liberté de parole, budget militaire, blanchiment de capitaux, détention d'armes nucléaires, violation des droits humains et du travail
- **Environnementaux :** part de l'énergie nucléaire dans le mix énergétique, construction de nouvelles centrales nucléaires, non-respect des conventions internationales sur le changement climatique, chasse à la baleine

Vous pouvez obtenir une évaluation actuelle (également pour les entreprises) directement auprès d'Oekom Research AG en envoyant un courrier électronique (en anglais) à info@iss-oekom.com. Il y a quelques années, par exemple, les États-Unis (36e place), la Chine (46e), la Russie (47e) et l'Inde (48e) occupaient le bas du classement en termes de durabilité.

Un classement similaire est effectué par la Banque cantonale de Zürich. Ici aussi, les facteurs écologiques, sociaux et de gouvernance sont analysés et comparés dans le cadre d'un système de classement (maximum 10 points).

Rang	Pays	Points
1	Suède	9,4
2	Suisse	9,2
3	Norvège	8,9
4	Danemark	8,6
5	Pays-Bas	8,1
6	Autriche	7,9
7	Allemagne	7,6
8	Grande-Bretagne	7,2
9	Finlande	7,1
10	Islande	6,9
18	Japon et France	6,2
44	Chine	4,6
48	Brésil	4,3
55	Russie	3,8
56	Inde	3,7
61	Etats-Unis	3,2
66 (dernier)	Bahreïn	2,9

Source : Banque cantonale zurichoise (Sustainability Rating for States 2017)

Avant, il était clair pour moi que les États-Unis n'étaient pas le pays le plus durable au monde, mais j'ai néanmoins été surpris de le trouver presque à la dernière place. Je ne fais confiance qu'aux cinq premiers États, compte tenu de la forte implication de l'Allemagne dans les importations d'armes, par exemple.

Obligations d'entreprises

Les entreprises qui cherchent à se financer par l'endettement et non par les capitaux propres ont souvent recours aux obligations. Cependant, il est tout sauf facile de séparer l'ivraie du blé durable. Là encore, Oekom Research AG est d'une grande aide avec son rapport (Oekom Corporate Rating). À mon avis, il s'agit d'un rapport qui en plus d'être intéressant pour la notation des obligations d'entreprises, convient également pour la prise en considération des participations en actions.

Ici aussi, les obligations sont testées et classées selon une combinaison de critères de filtrage positif et d'exclusion.

Oekom Research AG se base pour ça sur plus de 100 critères. Les critères positifs concernent les questions sociales et de gouvernance :

- **Employés et fournisseurs :** liberté d'association, égalité des chances, santé, sécurité, équilibre travail-vie personnelle, rémunération, formation, règles et soutien des fournisseurs, etc.
- **Société et responsabilité vis-à-vis des produits :** droits de l'homme, communauté, relations avec les gouvernements, dialogue avec les parties prenantes, marketing responsable, vie privée, sécurité des produits, impact social du portefeuille de produits
- **Gouvernance d'entreprise et éthique :** indépendance du conseil d'administration, gouvernance d'entreprise durable, rémunération de la direction, divulgation de l'identité des actionnaires, éthique de l'entreprise

Dans le domaine de l'environnement, les trois principaux critères sont :

- **Gestion environnementale :** système de gestion environnementale, gestion de l'énergie, changement climatique, consommation et risque liés à l'eau, transport, gestion environnementale dans la chaîne de valeur, achats écologiques

- **Produits et services :** impact environnemental du portefeuille de produits, biodiversité, consommation et utilisation des ressources, cycle de vie du produit, efficacité des matériaux, substances inquiétantes, efficacité énergétique du produit, emballages
- **Efficacité environnementale :** efficacité énergétique, efficacité de l'eau, efficacité des matériaux, émissions de CO2, production de déchets, pollution de l'air et de l'eau

En outre, ISS-Oekom effectue également un filtrage négatif sévère dans les domaines d'activité et les pratiques commerciales controversés sur le plan éthique. Cela concerne notamment :

- **Domaines d'activité controversés :** avortement, alcool, tests sur les animaux, recherche sur les embryons, jeux d'argent, armement, aliments génétiquement modifiés, énergie nucléaire, pornographie, industrie des pesticides, jeux vidéo violents
- **Pratiques commerciales controversées :** droits de l'homme, droits du travail, pratiques environnementales, violations de l'éthique professionnelle

Sur la base de ces critères, on obtient un classement intéressant des entreprises, que l'on peut également demander à ISS Oekom AG. Malheureusement, je ne peux pas le présenter ici.

Échelonner un portefeuille d'obligations durables

Les obligations sont des instruments d'investissement relativement simples. Avant de se laisser aveugler, il est important de tenir compte non seulement du facteur de durabilité, mais aussi du rendement, du risque et de la liquidité. Bien que vous puissiez connaître le risque obligataire relativement facilement à partir du rendement, j'aimerais également vous familiariser avec la stratégie du bond ladder (échelonnage d'un portefeuille d'obligations). Grâce à celle-ci, vous pouvez augmenter la liquidité de vos investissements. Le « bond ladder » semble compliqué, mais est très simple et très efficace !

L'astuce consiste à investir dans des obligations de différentes échéances. Vous assurez ainsi une liquidité continue. Subdivisez le montant de votre investissement obligataire en 3 à 5 tranches égales (actions).

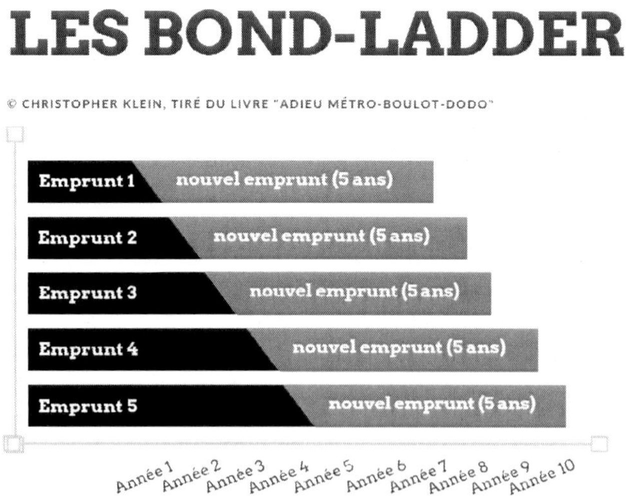

Vous créez ensuite des tranches avec des échéances différentes. Par exemple, les échéances des obligations pourraient être de 1, 2, 3, 4 et 5 ans. Si vous êtes plus enclin à prendre des risques, les intervalles peuvent être plus longs (p. ex. 2, 4, 6, 8 et 10 ans).

Lorsque la première tranche expire après un an, vous réinvestissez dans une nouvelle obligation avec l'échéance maximale de votre choix (dans notre exemple 5 ans). L'année suivante, la deuxième tranche expire et vous ajoutez une autre obligation avec l'échéance maximale que vous avez déterminée. Au cours de la troisième année, la troisième tranche expire et vous répétez la stratégie. Je pense que vous comprendrez bientôt ce principe. Grâce à cette stratégie, vous bénéficiez dans notre exemple de taux d'intérêt plus élevés à partir de la 5e année et vous n'avez pas besoin de vous priver de liquidités à cause d'échéances trop longues !

L'échelonnage d'un portefeuille d'obligations combine les avantages d'une liquidité élevée et d'une augmentation constante des flux de revenus passifs (rendements) avec un risque diversifié. Si les taux du marché des capitaux augmentent, vous pouvez réagir rapidement. Avec une liquidité qui devient disponible à intervalles réguliers, vous pouvez toujours acheter de nouvelles obligations à des taux d'intérêt plus élevés. Le bond ladder vous garantit ainsi un flux de trésorerie constant et relativement sûr. Il s'agit donc d'un excellent instrument d'investissement très simple, passif et durable.

Stratégie # 3 : actions durables

« Sur le marché boursier la seule question est de savoir s'il y a plus d'actions que d'idiots, ou plus d'idiots que d'actions. »

André Kostolany

Les actions sont parmi les investissements les plus connus. Ce n'est pas sans raison. Ce sont des titres et ils sont donc classés en immobilisations corporelles. Cela signifie que vous souscrivez à une participation dans une société - un titre de participation. Lorsque vous achetez une action, vous devenez actionnaire ou copropriétaire d'une société. Cela vous donne également le droit d'assister aux assemblées générales et d'exprimer votre opinion ouvertement voire de vous prononcer sur le quitus du Directoire. Comme déjà indiqué dans le premier chapitre, via l'acquisition d'actions, vous acquérez un droit de parole mais il vous faut faire preuve d'engagement pour l'exercer.

En tant qu'actionnaire, vous pouvez faire d'une pierre deux coups. D'une part, vous recevez, à l'instar de l'intérêt d'une obligation, une participation aux bénéfices - le dividende. Le partage des bénéfices dépend du succès de l'entreprise et est déterminé au moment de l'assemblée générale annuelle. Les actionnaires participent au succès de l'entreprise via le dividende. Toutefois, ce n'est pas une obligation de distribuer des dividendes. De nombreuses sociétés les réinvestissent et augmentent ainsi progressivement la valeur de la société. Cela se reflète finalement dans le cours de l'action.

Cela nous amène à la deuxième possibilité de tirer un profit financier des actions - par des gains de cours. Si vous achetez une action à un prix donné et que vous la revendez plus tard à un prix plus élevé, vous pourrez bénéficier de dividendes et obtenir une plus-value via la vente. De même, il se peut que le cours des actions ait baissé et que vous réalisiez une perte (moins-value) lors d'une vente. Vous êtes donc copropriétaire des actifs d'une entreprise (profits et pertes).

Faits importants sur les actions durables

Fait #1 :

Les actions n'ont pas d'échéance ni de période de détention minimale. Elles témoignent de votre éternelle copropriété d'une entreprise. Néanmoins, à l'instar des fonds d'investissement ou des ETF, il est connu que cela peut aussi être bénéfique d'investir à long terme dans des actions quand on est un investisseur privé.

Fait #2 :

Au sein de notre carré magique, les actions sont parmi les instruments financiers les plus liquides. Elles sont également associées à un risque non négligeable mais promettent des rendements élevés. En tant qu'investisseur écoéthique, nous choisissons également la voie de la durabilité. Il s'agit d'un avantage, notamment en termes de risque, dans la mesure où les entreprises qui opèrent de manière durable et adoptent une stratégie à plus long terme, sont moins susceptibles de subir des baisses de bénéfices ou des ralentissements de cours.

Explication : les entreprises doivent commencer à penser de manière plus durable. Rien que pour des raisons économiques ! Plus les entreprises agissent et fonctionnent de manière durable, plus elles réussissent à long terme. Plus l'horizon d'action et de planification est court, plus le risque que l'entreprise soit soumise à une chute de ses bénéfices et à des fluctuations de son cours est considérable. Cela a pour incidence qu'elle se fixe trop sur le cours de l'action et fasse finalement faillite ou soit vendue en quelques années seulement. La durabilité écologique et sociale est donc de plus en plus mise en œuvre au niveau de la gouvernance d'entreprise comme condition préalable essentielle à la durabilité économique. Cela concerne, par exemple, la motivation des employés dans le domaine social. Le capital humain est une ressource sociale et c'est aussi le potentiel de développement pour l'avenir d'une entreprise. Plus la direction d'une entreprise investit dans son capital humain, meilleur est son avenir.

Dans le domaine de l'environnement, par exemple, la gestion durable fait référence à l'utilisation efficace de l'énergie et des ressources (ce qui a un effet positif sur la situation économique de l'entreprise).

Fait #3 :

Il existe beaucoup de types d'actions différentes. La plus connue est l'action dite ordinaire. Elle confère au porteur le droit de vote et le droit à un dividende. C'est différent avec les actions dites préférentielles. Elles n'offrent pas de droit de vote, mais en contrepartie, les actionnaires reçoivent un dividende légèrement plus élevé. En termes de négociabilité, vous devez choisir des actions ordinaires. Les « parts citoyennes » sont également intéressantes pour nous qui souhaitons investir de manière durable. Outre la copropriété d'une entreprise (de la région), il s'agit davantage d'atteindre un objectif commun (par exemple, construction d'une centrale photovoltaïque).

Fait #4 :

Pour acheter des actions, vous avez besoin d'un compte-titres ou d'un PEA. L'acquisition d'actions est généralement associée à des coûts de transaction, qui doivent être récupérés via les plus-values générées. C'est pourquoi vous devez faire attention à ce que les frais soient aussi faibles que possible lorsque vous passez votre ordre.

Fait #5 :

Les actions, au même titre que l'or ou les biens immobiliers, sont classées comme des actifs corporels car aucun rendement (par exemple, le paiement d'intérêts) n'est déterminé à l'avance. La valeur de l'investissement repose donc sur le modèle de base de l'offre et de la demande.

Fait #6 :

Les actions peuvent entraîner des coûts de transaction plus élevés. Les frais élevés peuvent être évités en investissant des montants plus importants. Mais cela pose le problème d'un portefeuille pas assez diversifié. Enfin, à titre indicatif, vous devriez renoncer à des ordres d'achat d'actions inférieurs à 500 € par action et en détenir au moins 20 pour être raisonnablement diversifié. Nous parlons donc d'un investissement minimum de 10 000 euros. Par ailleurs, les actions peuvent être achetées successivement et dans le temps, mais si possible avec des montants supérieurs à 500 euros par action. Une stratégie de placement consiste également à opter pour un ETF (largement diversifié et donc moins risqué) et le compléter par des achats réguliers d'actions individuelles.

Afin de vous faciliter la tâche, j'ai établi, suite à de nombreuses recherches, une liste qui, à mon avis, répertorie certaines des meilleures sociétés cotées en Bourse à vocation écologique et éthique.

Mon conseil est que vous devriez baser votre sélection sur des sociétés ou des actions aussi représentées dans des fonds ou des ETF. Cela vous donne une certaine garantie car un filtrage positif a déjà été effectué par ces derniers, et les entreprises contraires à l'éthique ou non écologiques ont déjà été éliminées sur la base de leurs critères d'exclusion.

- Secteur de la technologie de l'environnement (p. ex. énergie solaire)
- Secteur de l'approvisionnement et des déchets contribuant à la réduction ultérieure des dommages environnementaux
- Pionniers de l'écologie (développent de produits écologiques innovants)
- Entreprises qui développement des procédés de production respectueux de l'environnement
- Leaders de l'écologie (entreprises aux activités particulièrement écologiques)
- Entreprises vertes établies (anciennes pionnières de l'écologie)
- Éco-industries (par exemple, bio ou écolabels, cosmétiques naturels, etc.)

59 actions (vertes) écologiques et durables

Je sais qu'au début, se lancer dans l'investissement est difficile. À mon avis, choisir l'univers des investissements durables n'est pas nécessairement plus facile, même si le choix est limité par le facteur de durabilité.

Bien sûr, je ne peux pas prendre cette décision pour vous. Mais je veux vous soutenir et rendre votre recherche un peu plus facile. Commençons par un « best of » des actions écologiques et durables. Toutes les entreprises listées dans le « Natur-Aktien Index » (NAI), qui connaît chaque année un grand succès, figurent aussi dans mon classement. On retrouve également les fonds « DEKA Umweltinvest TF », « ÖkoWorld WorldVision Classic », « Sarasin OekoSar Equity - Global/Sustainable Water Fund », « Swisscanto Equity Fund Climate Invest/Water Invest » et bien d'autres. Les actions vertes ou écologiques incluent les sociétés qui répondent à au moins l'un des critères suivants :

- Secteur de la technologie de l'environnement (p. ex. énergie solaire)
- Secteur de l'approvisionnement et des déchets contribuant à la réduction ultérieure des dommages environnementaux
- Pionniers de l'écologie (développent de produits écologiques innovants)
- Entreprises qui développement des procédés de production respectueux de l'environnement
- Leaders de l'écologie (entreprises aux activités particulièrement écologiques)
- Entreprises vertes établies (anciennes pionnières de l'écologie)
- Éco-industries (par exemple, bio ou écolabels, cosmétiques naturels, etc.)

Les valeurs du NAI ont également été convaincantes en termes de rendement au cours des dernières années. Les actions écologiques et éthiques sont donc bien plus qu'un investissement idéaliste : elles sont également bénéfiques sur le plan financier. Bien qu'il s'agisse d'actions écologiques, le NAI exclut néanmoins - à juste titre - les entreprises qui produisent (ou commercialisent) des biens militaires ou des produits ou technologies nuisibles à l'environnement. La liste comprend également des entreprises qui, à première vue, ne produisent aucun produit biologique (produits naturels / cosmétiques ou voitures électriques, par exemple) et n'offrent pas non plus de services verts, mais qui contrairement à leurs concurrents, sont particulièrement actives sur le plan écologique (sociétés d'assurance, par exemple).

Nom	ISIN	Cours mars 2019	Pays	Secteur d'activité
2G Energy	DE000A0HL8N9	28,70 €	Allemagne	Unités de cogénération
7C Solarparken	DE000A11QW68	2,87 €	Allemagne	Énergie solaire
Aalberts	NL0000852564	32,28 €	Pays-Bas	Innovation
ABB	CH0012221716	17,19 €	Suisse	Électro-technique
Abo Invest	DE000A1EWXA4	1,19 €	Allemagne	Éolien
Acciona	ES0125220311	89,60 €	Espagne	Construction et énergie
Aixtron	DE000A0WMPJ6	7,75 €	Allemagne	Semi-conducteurs
Akamai	US00971T1016	71,09 $	Etats-Unis	Logiciel
American Water Works	US0304201033	101,45 $	Etats-Unis	Approvisionnement
Andritz	AT0000730007	44,85 €	Autriche	Génie mécanique
Aspen Pharmacare	ZAE000066692	10,02 $	Afrique du Sud	Pharmacie
Baloise Holding	CH0012410517	163,30 CHF	Suisse	Assurance
Boiron	FR0000061129	55,60 €	France	Homéopathie
Canadian Solar	CA1366351098	24,99 $	Canada	Énergie solaire

Nom	ISIN	Cours mars 2019	Pays	Secteur d'activité
Cropenergies	DE000A0LAUP1	**5,36 €**	**Allemagne**	Mobilité
East Japan Railway	JP3783600004	**90,50 $**	**Japon**	Transport ferroviaire
Ecolab	US2788651006	170,18 $	Etats-Unis	Eau, hygiène, technologies énergétiques
Encavis	DE0006095003	5,89 €	Allemagne	Eolien
Energiekontor	DE0005313506	15,30 €	Allemagne	Énergie renouvelable
Envitec Biogas	DE000A0MVLS8	9,45 €	Allemagne	Biogaz
Eurofins Scientific S.A.	FR0000038259	382,00 €	France	Secteur de la santé
First solar	US3364331070	46,59 €	Etats-Unis	Photovoltaïque
Gaiam	US36269P1049	11,05 $	Etats-Unis	Produits biologiques
Henkel	DE0006048432	88,68 €	Allemagne	Chimie
Inistuform/ Aegion	US00770F1049	17,76 $	Etats-Unis	Réhabilitation de conduites
Interface	US4586653044	18,00 $	Etats-Unis	Revêtement de sol
Kandant	US48282T1043	87,96 $	Etats-Unis	Recyclage du papier
Kingfisher	GB0033195214	245,50 £	Grande-Bretagne	Magasin de bricolage
Kurita Water	JP3270000007	26,65 $	Japon	Gestion des eaux
Mayr-Melnhof Karton	AT0000938204	141,43 $	Autriche	Emballage
Molina Healthcare	US60855R1005	138,35 $	Etats-Unis	Assurance maladie
Natura Cosmetics	BRNATUACNOR6	8,27 $	Brésil	Cosmétique
Nordex	DE000A0D6554	11,11 €	Allemagne	Éolien
Ormat Technologies	US6866881021	55,79 $	Etats-Unis	Géothermie
Osram Licht	DE000LED4000	38,00 €	Allemagne	Électronique/ Électrique
PNE Wind	DE000A0JBPG2	2,43 €	Allemagne	Éolien
Potlatch	US7376301039	36,21 $	Etats-Unis	Produits du bois

Nom	ISIN	Cours mars 2019	Pays	Secteur d'activité
Ricoh	JP3973400009	11,04 $	Japon	Machines de bureau
Schneider Electric	FR0000121972	69,06 €	France	Électrique/Automatisation
Shimano	JP3358000002	155,75 $	Japon	Pièces de bicyclettes
Sims Metal Man.	AU000000SGM7	7,14 $	Australie	Recyclage
SMA Solar	DE000A0DJ6J9	22,80 €	Allemagne	Photovoltaïque/solaire
Smith & Nephew	GB0009223206	18,80 $	Grande-Bretagne	Appareils médicaux
Steelcase	US8581552036	17,63 $	Etats-Unis	Décoration intérieure
Steico	DE000A0LR936	21,85 €	Allemagne	Isolation
Stericyde	US8589121081	51,63 $	Etats-Unis	Élimination des déchets
Suez AG	FR0010613471	11,39 €	France	Eau et recyclage
SunOpta	CA8676EP1086	2,90 $	Canada	Aliments certifiés éco-lo-giques
SunOpta	CA8676EP1086	3,870 CAD	Canada	Nutrition
SunPower	US8676524064	6,47 $	Etats-Unis	Énergie solaire
Svenska Cellulosa	SE0000112724	8,89 $	Suède	Papier
Tesla Motors	US88160R1014	259,77 €	Etats-Unis	Voitures électriques
Tomra Systems	NO0005668905	26,73 $	Norvège	Équipement pour bouteilles consignées
Umicore	BE0974320526	39,11 €	Belgique	Génie électrique et recy-clage
Umweltbank	DE0005570808	8,84 €	Allemagne	Secteur bancaire
United Natural Foods	US9111631035	15,18 $	Etats-Unis	Aliment biologique
Verbio	DE000A0JL9W6	6,80 €	Allemagne	Biocarburant
Vestas Wind	DK0010268606	72,42 €	Danemark	Turbines éoliennes
Waters Corporation	US9418481035	244,80 $	Etats-Unis	Solution pour système

Source : http://www.nai-index.de/seiten/firmen_liste.html
https://www.boerse-duesseldorf.de/aktien/nachhaltige_aktien

Cette liste répertorie plusieurs actions ou sociétés « vertes » intéressantes - mais ne prétend pas être exhaustive. La devise est « celui qui cherche, trouve ». Mon objectif avec cette liste est tout autre. C'est de vous faciliter un peu la tâche car je sais à quel point il est difficile au début de se frayer un chemin dans la jungle des actions. À cet égard, il devrait y en avoir pour tous les goûts et toutes les préférences en matière de développement durable. On retrouve aussi bien des entreprises encore relativement conservatrices que des entreprises ultra-vertes. Le cours de l'action indiqué est celui du début du mois de mars 2019.

Cependant, au lieu de vous hâter, je vous demande de procéder à une analyse approfondie des actions qui vous intéressent le plus. Ce n'est qu'alors que vous pourrez décider si un investissement (à long terme) est envisageable.

49 actions éthiques et sociales

La situation est quelque peu différente pour les actions éthiques et sociales. Ici, une sélection beaucoup plus large est disponible. En effet, cette classe d'actifs dépend avant tout des critères d'exclusion ou négatifs. Cela signifie que l'on peut retrouver des entreprises qui ne se préoccupent pas de durabilité environnementale, mais qui respectent les normes et directives éthiques et sociales. À mon avis, cela rend la décision beaucoup plus difficile ou beaucoup plus subjective. Ce qui peut être acceptable pour une personne A est déjà trop désinvolte pour la personne B et serait hors de question pour la personne C.

Cette liste comprend un large éventail de sociétés appartenant à un large éventail de secteurs avec différents degrés de rigueur - en particulier en ce qui concerne les facteurs environnementaux. D'un point de vue éthique, je me suis orienté vers les critères d'exclusion communs et les indices qui excluent les entreprises sur la base de critères négatifs. Néanmoins, il reste un facteur d'incertitude. Après tout, il est presque impossible d'examiner de près les fournisseurs d'une entreprise. Par exemple, il peut y avoir des fabricants de vêtements qui fonctionnent de manière écologique et durable, paient des salaires équitables et donnent aux employés des droits importants, mais reçoivent le coton du Kazakhstan (ou d'autres États critiques) encore très totalitaire, où les travailleurs reçoivent des salaires misérables. L'argent récolté alimente des structures corrompues et aide quelques personnes à acquérir une richesse énorme, tandis que la majorité ronge la faim. J'espère qu'au cours des prochaines années, les entreprises seront examinées de manière plus approfondie notamment sur l'ensemble de leur chaîne de valeur, y compris les fournisseurs.

Pour vous aider à démarrer, je me suis concentré sur la liste de l'« Ethisphere Institute », l'une des organisations les plus renommées au monde dans le domaine de l'évaluation et de la promotion des entreprises éthiques. Cette liste est connue sous le nom de « World's Most Ethical Companies »® et comprend en 2018, 135 sociétés des cinq continents, basées dans 23 pays et issues de 57 industries différentes (bon pour la diversification). Je ne liste pas toutes les entreprises, je vous présente un choix limité de divers secteurs. Vous pouvez consulter vous-mêmes cette liste si vous le souhaitez (*https://www.worldsmostethicalcompanies.com/honorees/*). Il est à noter que la plupart des entreprises sont d'origine américaine. Cela n'est guère surprenant puisque ce sont elles qui ont de loin la plus grande capitalisation boursière sur les marchés financiers. De nombreuses entreprises vous seront donc familières. À propos, voici la liste des sociétés les plus équitables des États-Unis (*https://justcapital.com/*).

Nom	ISIN	Cours mars 2019	Pays	Secteur d'activité
3M	US88579Y1010	183,49 €	Etats-Unis	Industrie manufac-turière
Accenture	IE00B4BNMY34	164,18 $	Irlande	Conseil
Adobe	US00724F1012	264,01 $	Etats-Unis	Logiciel applicatif
Aflac Inc.	US0010551028	49,18 $	Etats-Unis	Assurance accident et assurance vie
Alphabet Inc.	US02079K3059	998,61 €	Etats-Unis	Internet (action Google)
Anthem	US0367521038	307,69 $	Etats-Unis	Assurance maladie
Aptiv	JE00B783TY65	84,30 $	Jersey (GB)	Mobilité
Bank of Montreal	CA0636711016	77,59 $	Canada	Secteur bancaire
Biogen	US09062X1037	291,42 €	Etats-Unis	Pharmacie & Bio-technolo-gie
Canon	US1380063099	28,51 $	Etats-Unis	Technologie de l'image
CBRE	US12504L1098	49,66 $	Etats-Unis	Immobilier
Colgate-Pal-molive	US1941621039	57,55 €	Etats-Unis	Produits de consom-ma-tion
Cummins	US2310211063	154,44 $	Etats-Unis	Automobile
Dell	US24703L1035	80,55 $	Etats-Unis	Technologie
Eastman	US2774321002	83,21 $	Etats-Unis	Chimie
Edwards	US28176E1082	173,67 $	Etats-Unis	Médecine
Eli Lilly & Co.	US5324571083	102,00 €	Etats-Unis	Pharmacie
Geberit	CH0030170408	350,00 €	Suisse	Produits sanitaires
Grupo Bimbo	MXP495211262	2,00 $	Mexique	Denrées alimen-taires
Halma	GB0004052071	20,98 $	Grande-Bre-tagne	Santé
Hasbro	US4180561072	88,02 $	Etats-Unis	Produits de consom-ma-tion
Hilton Wor-ldwide	US43300A2033	83,80 $	Etats-Unis	Secteur hôtelier
Humana	US4448591028	291,04 $	Etats-Unis	Santé
Intel	US4581401001	46,67 €	Etats-Unis	Electronique
International Paper	US4601461035	40,54 €	Etats-Unis	Forêt, papier, em-ballage

Nom	ISIN	Cours mars 2019	Pays	Secteur d'activité
Jones Lang Lasalle	US48020Q1076	164,08 $	Etats-Unis	Immobilier
M & S 1884	GB0031274896	3,62 $	Gran-de-Bretagne	Commerce de détail
Manpower Group	US56418H1005	84,52 $	Etats-Unis	Cabinet de recrutement
Mastercard Inc.	US57636Q1040	198,55 €	Etats-Unis	Prestataires de services de paiement
Microsoft	US5949181045	98,41 €	Etats-Unis	Technologie
NextEra Energy	US65339F1012	187,57 $	Etats-Unis	Énergie
Nike	US6541061031	75,96 €	Etats-Unis	Habillement
Nvidia	US67066G1040	135,97 €	Etats-Unis	Semi-conducteurs
Old National Bank	US6800331075	17,73 $	Etats-Unis	Secteur bancaire
Oshkosh	US6882392011	79,25 $	Etats-Unis	Camion
Praxair	US74005P1049	166,11 $	Etats-Unis	Chimie
Principal Financial	US74251V1026	51,40 $	Etats-Unis	Secteur financier
Republic Services	US7607591002	78,54 $	Etats-Unis	Services environne-men-taux
Royal Carib-bean Cruises	LR0008862868	118,98 $	Etats-Unis	Loisirs et détente
SGS Group	CH0002497458	2 553,00 CHF	Suisse	Examen / certification
Tata Steel Ltd.	US87656Y4061	7,00 $	Etats-Unis	Mines et métaux
Telekom	DE0005557508	14,52 €	Allemagne	Télécommunication
Texas Instr.	US8825081040	106,76 $	Etats-Unis	Semi-conducteurs
vf	US9182041080	87,28 $	Etats-Unis	Habillement
Volvo	SE0000115446	14,60 $	Suède	Automobile
Weyerha-euser	US9621661043	25,00 $	Etats-Unis	Forêt, papier, emballage
Whirlpool Corp.	US9633201069	141,32 $	Etats-Unis	Appareils ménagers
Wipro Ltd.	US97651M1099	5,63 $	Inde	Services de technolo-gies de l'information
Xerox Corp.	US9841216081	31,28 $	Etats-Unis	Services de technolo-gies de l'information

Source : https://justcapital.comhttps://ethisphere.com/2018-worlds-most-ethical-companies

Peut-être avez-vous remarqué que j'ai choisi le plus grand nombre possible d'entreprises et de secteurs. Je l'ai fait dans l'idée d'atteindre l'objectif d'une large diversification.

En outre, vous aurez remarqué que dans la liste des actions écologiques les sociétés sont moins connues, alors que dans celle des actions éthiques, ce sont des entreprises plus grandes et plus connues. À propos, certaines d'entre elles font également partie des aristocrates du dividende. Ce sont des entreprises qui ont pu augmenter leurs dividendes chaque année pendant plusieurs décennies.

Stratégie # 4 : ETFs durables

« La nature est la seule chose que l'homme n'ait pas inventée et ne puisse jamais vaincre. Il devrait en faire une amie à la place d'un ennemi. »

CHRISTOPHER KLEIN

Après avoir examiné de plus près les obligations et les actions durables, nous sommes sur le point de passer aux fonds d'actions ou aux fonds d'obligations. Qu'ils soient passifs (ETF) ou gérés activement - pour moi, seuls les fonds d'obligations ou d'actions sont intéressants. Je dis cela parce qu'il y a beaucoup plus de classes d'actifs de fonds. Cependant, je ne veux pas aborder ces questions dans ce livre en raison d'un risque considérablement accru et d'une complexité croissante. De plus, dans le contexte des investissements écologiques, je me concentre principalement sur les fonds de placement à capital variable, car les fonds de placement à capital fixe ont une liquidité beaucoup plus faible et impliquent donc un risque considérablement plus élevé.

Le terme « fonds d'investissement » désigne essentiellement les documents dits de copropriété. Cela signifie que vous devenez copropriétaire de l'actif du fonds lors de l'acquisition de parts. En d'autres termes, vous ne possédez pas les actions, mais vous êtes « simplement » copropriétaire d'un patrimoine total dans lequel se trouvent divers titres. Les fonds d'investissement appartiennent presque toujours aux fonds spéciaux et ne font donc pas partie du patrimoine saisissable, par exemple, en cas de faillite de la banque gestionnaire.

Ce chapitre est un peu plus détaillé car, à mon avis, les ETF conviennent particulièrement à la majorité des investisseurs privés et ne devraient donc manquer dans aucun portefeuille. Il n'y a rien de mal à le compléter par d'autres classes d'actifs/stratégies !

Qu'est-ce qu'un ETF durable ?

Les ETF, « Exchange Traded Funds », sont des fonds indiciels gérés de manière passive et négociés en bourse. Un indice représente une sélection de différentes actions ou obligations. Ils sont liquides, flexibles, promettent des rendements attrayants, génèrent même un effet d'accumulation lorsque vous choisissez un ETF de capitalisation, et sont largement diversifiés (réduction du risque).

Personnellement, j'investis nettement plus dans des ETF que dans des titres individuels (actions). En effet, les ETF m'offrent une diversification plus large et donc des rendements plus sûrs. Ceci est fondamental pour l'accumulation d'actifs à long terme. Les ETF sont merveilleux à mes yeux car ils sont particulièrement adaptés aux débutants dans le domaine de l'investissement (durable). Comme je l'ai déjà suggéré, je trouve que les ETF éligibles à un PEA sont ingénieux, car ils permettent d'obtenir des rendements remarquables et un puissant effet d'intérêt composé en très peu de temps et cela grâce à un investissement mensuel automatisé, par ordre de virement permanent. Tout ce qu'il faut, c'est de la patience.

Par exemple, pour vous constituer un actif de 100 000 euros, il vous suffit d'investir 100 euros par mois à un rendement moyen de 8,5 % (ce qui correspond approximativement au cours du CAC 40 ; le MSCI World SRI a atteint plus de 14 % de mi-2017 à mi-2018) sur 25 ans.
J'estime qu'il n'existe actuellement aucun produit financier meilleur et plus rentable permettant d'investir et d'accroître son capital de manière relativement sûre, sans devoir y consacrer trop de temps, en particulier pour les personnes qui tout comme moi sont paresseuses.

Les ETF éligibles à un PEA sont vraiment intéressants pour l'accumulation d'actifs à long terme - et sont idéaux pour les débutants ! Mais qu'est-ce que c'est exactement ?

Qu'est-ce qu'un ETF éligible à un PEA ?

Les ETF éligibles à un PEA sont des ETF qui peuvent être achetés lorsque l'on possède un Plan d'épargne en actions. Tous les ETF disponibles sur le marché boursier ne sont pas éligibles. Les ETF suivent des indices qui contiennent généralement une variété d'actions ou d'obligations différentes. Les ETF éligibles à un PEA permettent d'acquérir des actions d'un ETF à intervalles fixes - généralement mensuels - en fonction du montant investi. Plus le cours est élevé, plus la part que vous achetez est faible pour un certain montant investi (et vice versa).

Les ETF nous permettent d'acheter un ensemble d'actions ou d'obligations écologiques et durables et/ou éthiques et sociales. Mais ici aussi, cela dépend des différentes méthodes d'évaluation. Alors, regardez bien comment les entreprises sont sélectionnées pour intégrer l'ETF ou le fonds. Faites notamment attention aux sigles « SRI » (Social Responsible Investing) ou « ESG » (Environnemental, Social, Gouvernance). L'approche d'investissement doit toujours figurer dans la fiche d'information de l'ETF, que vous pouvez télécharger sur la plupart des sites Web financiers au format PDF. Vous devriez également pouvoir en déduire quels outils de mesure et quels critères sont utilisés (par exemple, des critères d'exclusion ou de filtrage positif).

Mais qu'y a-t-il de si positif dans les ETF ?

9 avantages fous des ETF

Les décisions d'investissement concernant les placements durables peuvent être mûrement réfléchies. Ce n'est pas pour rien que la règle générale sur le marché financier est la suivante : « N'achetez pas ce que vous ne comprenez pas » ! Vous devez donc vous familiariser avec les avantages et les inconvénients des ETF avant de prendre une décision à long terme.

Avantage #1 : la liquidité

Les ETF ont une liquidité élevée. Cela signifie qu'ils peuvent être achetés, vendus et re-achetés presque à tout moment.

Avantage #2 : les ETF sont adaptés aux débutants

Avec les ETF éligibles à un PEA, vous pouvez facilement débuter en Bourse. De nombreux courtiers proposent cela et il est possible dès 25 à 50 euros par mois, de commencer à se constituer un capital à long terme. Les ETF offrent une passivité absolue grâce à la mise en place d'ordres de virements permanents. Les investisseurs participent aux intérêts, aux dividendes et à la hausse des cours boursiers.

Avantage #3 : la transparence élevée

En tant qu'investisseurs dans les ETF, nous pouvons à tout moment savoir quels titres sont contenus dans l'ETF. Cela est possible via la fiche d'information. C'est d'autant mieux si vous accordez de l'importance à la durabilité et à l'éthique des investissements.

Avantage #4 : la diversification est reine !

Avec un ETF, nous acquérons un large portefeuille de titres. Comme vous le savez, plus vous avez de titres dans votre portefeuille, mieux vous vous protégez contre les risques. Plus les titres de votre portefeuille sont dépendants, plus leur corrélation est élevée et plus la concentration du risque est forte. Les ETF doivent généralement détenir au moins 20 sociétés ou titres. Ils constituent donc un excellent instrument de diversification et de réduction des risques à un prix imbattable.

Avantage #5 : adieu les droits d'entrée !

Si vous souhaitez investir dans un fonds géré activement, vous devez généralement payer des droits d'entrée (aussi appelés « agio »). Ils peuvent rapidement atteindre les 4 %, ce qui a diminué considérablement le rendement - surtout au début. Ce n'est pas le cas avec les ETF.

Avantage #6 : grilles tarifaires bon marché

Les ETF, contrairement aux fonds gérés activement, génèrent des frais courants nettement moins élevés. Le très connu « Total Expense Ratio » (TER ou frais de gestion) est généralement calculé quotidiennement et extrait des actifs du fonds (il convient donc d'acquérir des ETF d'un volume d'au moins 100 millions d'EUR). Il est toutefois intéressant de noter que le « Total Costs of Ownership » (TCO) englobe tous les autres coûts dans son calcul, tels que les coûts de transaction et les frais d'ordre.

Avantage #7 : la flexibilité

Grâce aux ETF, nous pouvons nous constituer un portefeuille individualisé qui respecte non seulement nos préférences en matière de rendement, de risque et de durabilité, mais qui est aussi largement diversifié.

Avantage #8 : l'écureuil se nourrit laborieusement mais avec succès !

Les ETF de capitalisation permettent d'accumuler des actifs à long terme. Ils sont donc un instrument optimal pour les investisseurs privés passif (paresseux), axés sur le long terme et orientés écologie et durabilité. En outre, en raison de leur forte liquidité, ils offrent également la possibilité de réaliser des gains de cours supplémentaires. Les ETF sont devenus un outil de placement très populaire.

Avantage #9 : « Participez à la fête »

En tant qu'économiste, je m'intéresse de plus en plus aux événements macroéconomiques sur le marché financier. Les ETF sont un excellent moyen de tirer profit de l'« Asset Price Inflation » qui signifie que les prix (cours des titres) montent en flèche sur les marchés financiers.

Une grande fête de l'argent est célébrée !

La BCE et de nombreuses autres banques centrales facilitent de plus en plus la souscription et la cession de crédits par les banques commerciales. Cependant, une partie non négligeable se déverse sur les marchés financiers et gonfle les prix des titres sur ces derniers. Bien que l'augmentation de la masse monétaire soit mauvaise pour les consommateurs, car elle va généralement de pair avec une perte de pouvoir d'achat, elle est positive pour les investisseurs parce que l'augmentation de la masse monétaire entraîne également la hausse de la demande de produits financiers.

Les ETF éligibles à un PEA bénéficient de l'« effet du coût moyen ».

Le point d'entrée importe peu : c'est l'effet du coût moyen

Avec un ETF éligible à un PEA, vous minimisez le risque de fluctuations de prix parce que vous bénéficiez d'un prix moyen. Cela signifie que le point d'entrée de votre investissement joue un rôle moins important. Un argument de poids en faveur de cette catégorie d'ETF ! En tant qu'investisseurs passifs, nous pouvons même nous « réjouir » de la baisse des cours, car cela nous permet d'acquérir plus d'actions ! Quand les prix repartent à la hausse, nous en profitons ! En termes simples :

- Cours de l'action élevé → Acquisition de moins d'actions
- Cours de l'action bas → Acquisition de nombreuses actions

L'effet du coût moyen est un sous-produit du plan d'épargne à long terme. Vous profitez à la fois de la baisse et de la hausse des cours de vos ETFs. Par exemple, si vous investissez 100 euros par mois dans un plan d'épargne, vous recevez automatiquement plus de parts si la valeur marchande s'est dévalorisée et a chuté au cours du mois. En revanche, si la valeur marchande a augmenté, vous achèterez relativement moins. À long terme, vous obtenez donc un prix d'achat moyen plus bas avec les ETFs !

Cela signifie également que les fluctuations de prix peuvent conduire à des bénéfices vraiment élevés. Toutefois, vous ne pouvez réaliser ces bénéfices que si vous êtes prêt à vendre une partie de vos parts d'ETF. Un PEA est vraiment prédestiné à vous aider à bâtir une stratégie à long terme et sans stress que ce soit dans l'objectif de générer un revenu passif croissant ou de vous constituer un capital. Pour que cela soit plus clair, je vous donne un exemple.

Effet du coût moyen : effet d'investissement

Exemple d'investissement : 50 € / période (300 € au total).
Actions acquises par période en fonction de la valeur de marché à un moment donné : 1 + 0,625 + 1 + 2,5 + 1 = 6,125

Ce qui fait une valeur totale des actions de 6,125 x 50 € = 306,25 € et donc une plus-value de 6,25 €.

Parts d'ETF acquises au cours de la période

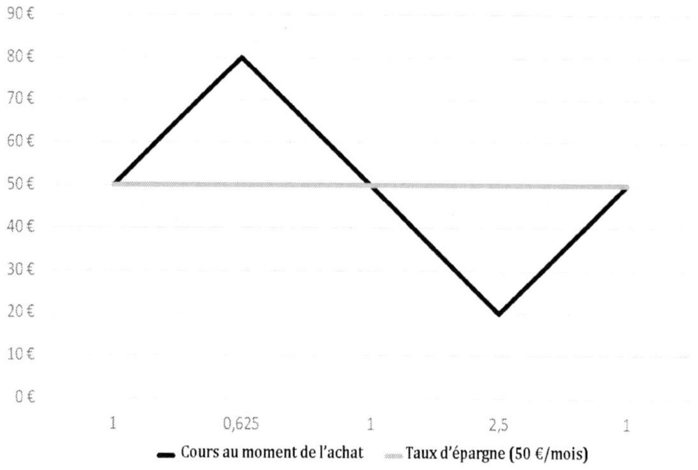

Il devient rapidement clair que cela doit se traduire par une augmentation de la ligne de profit. Toutefois, cette ligne de profit diminue régulièrement à mesure que l'actif total du fonds augmente. En d'autres termes, plus l'actif de votre ETF est important, moins l'effet du coût moyen devient perceptible.

Inconvénients des ETFs

Tout ce qui brille n'est pas or. Les ETF ont également des inconvénients que vous devez connaître à l'avance en tant qu'investisseur privé durable, afin de pouvoir prendre des décisions éclairées.

Inconvénient #1 : faibles réserves de trésorerie
Ils détiennent généralement moins de réserves de liquidités que les fonds gérés activement. En temps de crise, le versement pourrait être suspendu. Cependant, cela s'applique surtout aux marchés de niche et moins aux ETF de pays plus grands. Cela signifie que les fonds gérés activement donnent souvent de meilleurs résultats en temps de crise !

Inconvénient #2 : risque de change
Les ETF peuvent être exposés à des risques de change, par exemple s'ils suivent l'indice MSCI World SRI, qui est libellé en dollars américains. En conséquence, cela peut ajouter un risque supplémentaire dans le portefeuille de l'investisseur. C'est un inconvénient si le cours de l'euro est plus bas au moment de la vente qu'au moment de l'achat. Toutefois, il ne s'agit pas d'un risque propre aux ETF.

Inconvénient # 3 : synthetix n'est pas pour tout le monde !
Dans le cas des ETF dits SWAP - également appelés ETF synthétiques - la réplication de l'indice est garantie par contrat avec une banque partenaire. Cela crée un risque de contrepartie, le partenaire pouvant devenir insolvable. Ceux qui veulent éviter ce risque peuvent se tourner vers les ETF à réplication physique. Toutefois, ils sont généralement moins précis lorsqu'il s'agit de reproduire l'indice sous-jacent.

Inconvénient # 4 : la clairvoyance est à l'ordre du jour !
À mon avis, les ETF exigent un horizon de placement à plus long terme de la part des investisseurs privés et des particuliers. Celui-ci devrait être d'au moins 5 ans. Quiconque s'intéresse à l'accumulation massive d'actifs via l'acquisition d'ETF de capitalisation et à l'effet des intérêts composés qu'ils

génèrent devrait même envisager un horizon de 20 à 25 ans.

Inconvénient # 5 : les frais sont toujours des coûts !

Pour les ETF, contrairement aux titres individuels tels que des actions, des frais courants (TER) sont à payer. Le TER (Total Expenses Ratio) comprend, entre autres, les coûts administratifs, juridiques et d'audit. Ces frais réduisent le rendement. C'est le prix à payer pour un portefeuille largement diversifié.

Inconvénient # 6 : pas de rendements excédentaires !

Avec les ETF, il n'est pas possible d'obtenir ce que l'on appelle des rendements excédentaires, car ils reflètent toujours le marché ou le secteur concerné.

Inconvénient # 7 : pouvoir de marché et variété d'offres

Ils peuvent utiliser leur pouvoir de marché pour intensifier un ralentissement (lorsque plusieurs investisseurs vendent en même temps). En outre, la forte demande a engendré une variété d'offres à peine gérable.

Inconvénient # 8 : toujours relativement peu de choix

Les ETF 100 % « verts » sont encore difficiles à trouver. Les ETF éthiques et sociaux sont plus faciles à dénicher. Néanmoins, ici aussi, quiconque cherche, trouve. Pour cela, j'ai déjà préparé une petite présélection pour vous.

Attention aux frais et aux coûts

Avant d'examiner le rendement ou la performance de certains des ETF listés, j'aimerais attirer votre attention sur les frais et les coûts. Contrairement à l'achat d'obligations ou d'actions, l'acquisition de fonds entraîne des coûts ainsi que des frais de fonctionnement. En principe, vous devriez rechercher, pour des raisons de rendement, les ETF éligibles à un PEA ou ceux qui peuvent être achetés sans frais. De nombreux courtiers en ligne exigent parfois des frais d'ordre d'achat élevés. Assurez-vous donc de bien choisir le bon courtier avant de faire un achat ou d'ouvrir un compte-titres ou un PEA. Les investisseurs privés, qui ne veulent pas s'occuper quotidiennement de leurs investissements, devraient mémoriser le dicton boursier suivant « le va-et-vient vous vide les poches ».

Par conséquent, en tant qu'investisseur axé sur la durabilité, il est important de ne pas se laisser distraire par les crises et les nouvelles négatives.

En tant qu'investisseur dans les ETF, vous êtes copropriétaire des actifs de l'ETF. Le TER est généralement prélevé quotidiennement sur les actifs du fonds. En d'autres termes, le TER n'apparaîtra pas sur votre relevé de compte. Cependant, cela reste un facteur important dans le maintien de la solvabilité du fonds. De plus, l'actif du fonds donne une indication de la rentabilité de l'ETF. Par conséquent, de nombreux experts s'accordent à dire qu'un fonds doit avoir une valeur d'au moins 100 millions d'euros.

Il existe d'autres facteurs importants pour réussir en tant qu'investisseur passif dans les ETF. J'aimerais donc vous demander de vous documenter le plus possible avant d'investir pour la première fois dans des ETF. Mais avec ce livre vous connaissez les facteurs les plus importants.

Comparaison étonnante des rendements entre les ETF classiques et durables

J'ai souvent mentionné que, contrairement à leur image, les investissements durables - en termes financiers - ne sont pas nécessairement moins lucratifs que les investissements classiques. C'est également vrai pour les ETF. En effet, vous acquérez un ensemble d'obligations ou d'actions et donc une large diversification des titres.

Cela est démontré par un certain nombre d'études. A ce stade, j'aimerais présenter brièvement quelques indices de référence typiques, conventionnels et leurs indices de référence « frères » durables. Aujourd'hui, il est possible de présenter la quasi-totalité des principaux indices ou marchés de base en utilisant des critères de durabilité. J'ai moi-même été surpris de constater à quel point les performances des indices conventionnels et durables sont similaires. C'est une autre indication de la manière dont l'influence de la politique monétaire des banques centrales internationales continue d'être sous-estimée.

Pour les comparaisons, j'ai utilisé les performances ou rendements annualisés des trois, cinq et dix dernières années. L'identifiant SRI représente la version durable de l'index. Les critères d'exclusion et le filtrage positif basé sur les critères ESG ont été utilisés pour l'évaluation. Cela signifie, par exemple, qu'il ne reste dans l'indice MSCI World qu'environ un quart des titres de l'indice mère. Cependant, il s'agit encore de plus de 400 entreprises et c'est donc plus que suffisant pour une large diversification.

Indice / performance annualisé (tableau au 07/2018)	3 ans	5 ans	10 ans
MSCI Europe	3,23 %	9,14 %	6,12 %
MSCI Europe SRI	4,37 %	10,28 %	7,80 %
MSCI World	9,10 %	10,55 %	6,86 %
MSCI World SRI	9,58 %	10,36%	7,14 %
MSCI All Country	7,10 %	12,38 %	N/A
MSCI All Country SRI	7,54 %	12,29 %	N/A
MSCI Emerging Markets	5,98 %	5,39 %	N/A
MSCI Emerging Markets SRI	6,11 %	5,69 %	N/A

Source : https://www.msci.com/ (au 29 juillet 2018)

À y regarder de plus près, il est intéressant de noter que le « Sharpe-Ratio », qui compare le ratio risque/rendement, donne de meilleurs résultats - jusqu'à deux fois supérieurs, avec les ETF durables !

36 ETF durables

Maintenant que nous connaissons des paramètres importants et que nous comprenons qu'un investissement écologique et durable et/ou éthique et social dans les ETF ne signifie pas nécessairement moins de rendement, je voudrais vous présenter une sélection d'ETF intéressants. Veuillez noter que différentes approches et/ou critères sont utilisés par différents émetteurs d'ETF. Mais vous pouvez facilement le découvrir vous-même via la fiche d'information de l'ETF.

La liste est basée sur les facteurs les plus importants. Je vous prie de vous informer sur le type de reproduction, physique ou SWAP, ainsi que sur la fréquence des distributions (annuelle, semestrielle, trimestrielle). Veuillez également noter que le type de distribution indique comment les rendements (dividendes ou intérêts) seront utilisés. Ceux-ci vous seront distribués ou seront conservés (réinvestis). Veuillez également noter que la devise du fonds constitue un facteur de risque non négligeable si elle n'est pas libellée en euros. En effet, l'autre monnaie (généralement le dollar américain) pourrait perdre de la valeur par rapport à l'euro. Les ETF portant la mention « hedged » peuvent protéger contre ce risque.

L'aspect « critères » de l'évaluation est divisé en trois méthodes principales.

Impact signifie « Impact Investing » et donc des entreprises spécifiques sélectionnées. Par exemple, le « Lyxor World Water UCITS ETF » ou le « iShares Global Water UCITS ETF » contiennent uniquement des sociétés opérant dans le secteur de l'eau et générant une grande partie des revenus grâce à des projets d'infrastructure, de traitement de l'eau ou de distribution d'eau.

« Exclusion » signifie que des critères d'exclusion ont été utilisés pour compiler les titres. Parmi ceux-ci, on peut trouver des ETF portant la mention « ex Controversial Weapons ». Il indique que les entreprises impliquées dans le développement ou la production d'armes controversées sont excluses. Il s'agit ici du critère d'exclusion probablement le plus souple et le plus vague, puisqu'il est question de fabricants d'« armes controversées » uniquement et non pas de fabricants d'armes et d'armements en général. Alors, s'il vous plaît, ne vous laissez pas berner par certains termes et examinez de près l'approche d'investissement de l'ETF.

Vous rencontrerez souvent le sigle « SRI/ESG » lorsque vous ferez vos propres recherches. Il s'agit soit d'un filtrage exclusivement positif au sens de l'approche la plus performante, soit de la combinaison d'un filtrage positif avec l'application préalable de critères d'exclusion.

Dernier point, mais non des moindres, je voudrais souligner qu'il existe des ETF qui respectent les règles de la « banque islamique ». Ce sont des ETF créés spécialement pour les musulmans. Ils doivent se conformer à la loi islamique, la charia. Ils ne renoncent donc pas seulement aux revenus d'intérêts (interdiction des intérêts dans le Coran), mais attachent également une grande importance aux investissements sociaux et éthiques. Une véritable alternative, car les critères utilisés sont souvent beaucoup plus sévères que ceux d'autres fonds de développement durable. Vous trouverez dans la liste deux exemples d'« ETF islamiques » (critère : charia).

Désignation ETF Tableau réalisé en août 2018	ISIN	TER	Actif du fonds	De-vise	Type de répartition	Critères
Lyxor Global Gender Equality (DR) UCITS ETF Monthly Hedged to EUR - Acc	LU1692072322	0,30 %	1 million	EUR	Capitalisa-tion	Exclusion + genre
Lyxor MSCI USA ESG Trend Lea-ders (DR) UCITS ETF - Acc	LU1792117696	0,25 %	5 mil-lions	USD	Capitalisa-tion	Exclusion + SRI/ ESG
Lyxor MSCI EMU ESG Trend Leaders (DR) UCITS ETF - Acc	LU1792117340	0,20 %	5 mil-lions	EUR	Capitalisa-tion	Exclusion + SRI/ ESG
UBS ETF (IE) MSCI ACWI Socially Respon-sible UCITS ETF (hedged to EUR) A-acc	IE00BDR55927	0,48 %	43 millions	EUR	Capitalisa-tion	Exclusion
BNP Paribas Easy MSCI EMU ex Controversial Weapons UCITS ETF	LU1291098827	0,25 %	402 millions	EUR	Capitalisa-tion	Exclusion
iShares Dow Jones Eurozone Sustainability Screened UCITS ETF (DE)	DE000A0F5UG3	0,41 %	201 millions	EUR	Distribution	Exclusion + ESG

Désignation ETF Tableau réalisé en août 2018	ISIN	TER	Actif du fonds	De-vise	Type de répartition	Critères
iShares global Cleaning UCITS ETF	IE00B1XNHC34	0,65 %	119 millions	USD	Distribution	Impact
iShares Green Bond Index Fund (IE)	IE00BD0DT578	0,22 %	150 millions	EUR	Capitalisa-tion	Impact
ETFX S-Network Global Water Fund (DE)	DE000A0Q8M86	0,65 %	6 mil-lions	USD	Capitalisa-tion	Impact
iShares Dow Jo-nes global Sust. Screened	IE00B57X3V84	0,60 %	148 millions	USD	Capitalisa-tion	Impact
iShares Global Timber & Fores-try UCITS ETF	IE00B27YCF74	0,65 %	123 millions	USD	Distribution	Impact
iShares Global Water UCITS ETF	IE00B1TXK627	0,65 %	565 millions	USD	Distribution	Impact
FTSE En-vironmental Opportunities 100 Theam Easy Ucits ETF EUR	FR0010616284	0,45 %	2,29 millions	EUR	Capitalisa-tion	Impact
Lyxor Green Bond (DR) UCITS ETF Hedged to EUR - Acc	LU1563454823	0,30 %	1 milli-on	EUR	Capitalisa-tion	Impact
Lyxor New Energy UCITS ETF D-EUR	FR0010524777	0,60 %	65 mil-lions	EUR	Distribu-tion	Impact
PowerShares Global Clean Energy UCITS ETF	IE00B23D9133	0,75 %	9 mil-lions	EUR	Distribu-tion	Impact
Lyxor World Water UCITS ETF D-EUR	FR0010527275	0,60 %	520 millions	EUR	Distribu-tion	Impact
iShares MSCI World Islamic UCITS ETF	IE00B27YCN58	0,60 %	127 millions	USD	Distribu-tion	Charia (éthique/ sociale)

Désignation ETF Tableau réalisé en août 2018	**ISIN**	**TER**	**Actif du fonds**	**De-vise**	**Type de répartition**	**Critères**
iShares MSCI Emerging Markets Islamic UCITS ETF	IE00B27YCP72	0,85 %	40 millions	USD	Distribution	Charia (éthique/ sociale)
BNP Paribas Easy Low Car-bon 100 Europe UCITS ETF	LU1377382368	0,30 %	344 millions	EUR	Capitalisa-tion	SRI (émis-sions de CO2)
Ausstoß)	DE000A0Q8M86	0,50 %	6,42 millions	USD	Capitalisa-tion	SRI (émis-sions de CO2)
db x-trackers S&P U.S. Carbon Efficient ETF	LU0411076002	0,30 %	367 millions	EUR	Capitalisa-tion	SRI/ESG
Ausstoß)	IE00B27YCF74	0,38 %	589 millions	USD	Distribution	SRI/ESG
iShares MSCI Europe SRI UCITS	IE00B52VJ196	0,35 %	47 millions	EUR	Capitalisa-tion	SRI/ESG
UBS ETF (LU) MSCI World Socially Res-ponsible	LU0629459743	0,48 %	43 mil-lions	EUR	Capitalisa-tion	SRI/ESG
iShares Sus-tainable MSCI Japan SRI EUR Hedged	IE00BYVJRQ85	0,30 %	20 mil-lions	USD	Capitalisa-tion	SRI/ESG
UBS ETF (IE) MSCI ACWI Socially Responsible Hedged	IE00BDR55927	0,30 %	259 millions	USD	Capitalisa-tion	SRI/ESG
BNP Paribas Easy MSCI KLD 400 US SRI UCITS ETF	LU1291103338	0,30 %	37 mil-lions	USD	Capitalisa-tion	SRI/ESG
iShares Sus-tainable MSCI USA SRI UCITS ETF	IE00BYVJRR92	0,30 %	259 Mio.	USD	Thesaurie-rend	SRI/ESG
iShares MSCI Japan SRI UCITS ETF	IE00BYX8XC17	0,30 %	37 Mio.	USD	Thesaurie-rend	SRI/ESG

Désignation ETF Tableau réalisé en août 2018	ISIN	TER	Actif du fonds	De-vise	Type de répartition	Critères
Franklin LibertyQ Global Equity SRI UCITS ETF	IE00BF2B0N83	0,40 %	5 millions	USD	Capitalisation	SRI/ESG
Lyxor MSCI EM ESG Trend Leaders UCITS ETF - Acc	LU1769088581	0,30 %	10 millions	USD	Capitalisation	SRI/ESG
UBS ETF (LU) MSCI EMU Socially Responsible UCITS ETF (EUR) A-dis	LU0629460675	0,28 %	565 millions	EUR	Distribution	SRI/ESG
iShares Sustainable MSCI Emerging Markets SRI UCITS ETF	IE00BYVJRP78	0,35 %	152 millions	USD	Capitalisation	SRI/ESG
UBS ETF (LU) MSCI USA Socially Responsible UCITS ETF (USD) A-dis	LU0629460089	0,33 %	562 millions	USD	Distribution	SRI/ESG
iShares Sustainable MSCI Japan SRI EUR Hedged UCITS ETF (Acc)	IE00BYVJRQ85	0,35 %	47 millions	EUR	Capitalisation	SRI/ESG
UBS ETF (LU) MSCI Japan Socially Responsible UCITS ETF (hedged to EUR) A-acc	LU1273488715	0,50 %	14 millions	EUR	Capitalisation	SRI/ESG
Deka Oekom Euro Nachhaltigkeit UCITS ETF	DE000ETFL474	0,41 %	20 millions	EUR	Distribution	SRI/ESG Oekom Research

Stratégie # 5 : fonds actifs durables

« Le coût de la restauration des écosystèmes endommagés est dix fois supérieur à celui de la conservation de la nature. »

TIM KASTEN

Lorsqu'il est question de fonds communs de placement, il n'est pas rare que des points de vue et des philosophies différentes se rencontrent. Alors que certains ne jurent que par les ETF, d'autres sont convaincus que seuls les fonds gérés activement sont bons. Si nous parlions maintenant de fonds classiques, je serais clairement du côté des amis des ETF. Après tout, ils offrent aux investisseurs passifs et orientés long terme tout ce qu'ils peuvent souhaiter. Cependant, le facteur de durabilité doit également être pris en compte. Je crois que dans ce domaine, un certain nombre de fonds gérés activement pourraient valoir leur argent.

Avant d'entrer dans les détails, puis de vous présenter une petite sélection de fonds communs de placement gérés activement, j'aimerais vous présenter une approche de fonds et d'indices qui, à mon avis, est réfléchie, transparente et crédible - le « Natur Aktien Index ».

NAI – Natur Aktien Index (Fonds : Green Effects)

L'indice Natur Aktien Index (NAI) est composé de 30 sociétés internationales soit presque autant de titres que le CAC40, par exemple. Bien que ceux-ci soient moins diversifiés que les grands ETF, les sociétés ont été sélectionnées selon des critères particulièrement stricts. En outre, le NAI comporte des titres de plusieurs pays et secteurs d'activité. Les entreprises doivent être ce qu'on appelle des « pionniers de l'écologie ». Cela signifie qu'elles doivent respecter les critères contraignants du NAI. Ainsi, le NAI constitue une orientation fiable pour les « investissements verts » depuis sa création en 1997. Toutes les entreprises sont d'abord soumises aux critères d'exclusion communs avant de prouver qu'elles répondent à au moins deux critères positifs. Les critères suivants peuvent être trouvés sur le site Web du Natur Aktien Index :

Critère # 1

Les produits ou services de l'entreprise apportent une solution durable significative (écologique et sociale) à des problèmes humains importants. Il s'agit, par exemple, de :

- production d'énergie régénérative
- agriculture biologique
- technologie de l'eau efficace
- recherche, financement et conseil à vocation socio-écologique
- lutte contre la pauvreté

Critère # 2

La société est un pionnier dans son secteur en termes de conception de produits. Il s'agit, par exemple, de :

- durée de vie et efficacité d'utilisation
- sécurité du produit
- recyclabilité
- substitution de substances dangereuses

Critère # 3

L'entreprise est pionnière en termes de conception technique du processus de production et de vente. Il s'agit, par exemple, de :

- minimisation de la consommation d'énergie et de matières premières
- compatibilité environnementale en tant que politique d'entreprise
- amélioration constante et durable de la performance environnementale

Critère # 4

La société est un pionnier dans son secteur en termes de conception sociale du processus de production et de vente. Il s'agit, par exemple, de :

- création de formations et d'emplois
- santé et sécurité au travail
- possibilités de formation supérieures à la moyenne
- prestations sociales spéciales
- promotion des femmes, des minorités ethniques et des minorités sociales

Source : http://www.nai-index.de/seiten/kriterien_kurz.html

Le succès économique de l'indice parle de lui-même. Le fonds « Green Effects » répliquant l'indice NAI a réalisé un rendement total de plus de 60 % depuis 2013. Le CAC40, quant à lui, était à un peu moins de 20 % sur la même période. Le MSCI World a lui enregistré un rendement de « seulement » 42 % !

Avantages des fonds gérés activement par rapport aux ETFs

Pour investir dans un fonds géré activement, il faut payer des droits d'entrée (agio). Il s'agit d'un pourcentage du montant de votre placement pour pouvoir investir dans le fonds. En outre, les coûts récurrents, notamment liés à la gestion et à l'administration des fonds actifs, sont nettement plus élevés. Cela donne de bonnes raisons de s'en détourner immédiatement. Mais en tant qu'investisseurs soucieux de la durabilité, ils proposent également quelque chose que les ETF ne peuvent pas se permettre : des gestionnaires de fonds. Alors que pour les ETF la réplication des indices est assistée par ordinateur, les fonds actifs sont, eux, gérés par des personnes qui investissent les actifs du fonds en fonction de critères et de paramètres définis. En conséquence, de nombreux fonds gérés activement ont des exigences de durabilité plus strictes, car ils disposent, par exemple, d'un comité de placement qui décide de la sélection.

Un autre avantage généralement reconnu des fonds gérés activement par rapport aux ETF est qu'ils peuvent augmenter leurs réserves de trésorerie en temps de crise et investir les actifs du fonds ailleurs. Ainsi, alors que les ETF suivent l'indice de référence même en temps de crise, les gestionnaires de fonds peuvent désinvestir et transférer leur argent en conséquence (dans des titres peut-être plus lucratifs).

Le label du « Forum Nachhaltige Geldanlagen » (FNG) pourrait être un bon indicateur de quels fonds de placement sont adaptés à votre portefeuille et à vos préférences en matière de durabilité. Non seulement des critères d'exclusion rigoureux sont appliqués, mais un filtrage est également effectué selon le profil de durabilité définit par le FNG. Par ailleurs, le label de transparence d'EUROSIF, l'association européenne qui chapeaute les investissements durables, peut également faciliter la décision d'investissement.

31 fonds d'investissement écologiques et durables et/ou éthiques et sociaux

Ci-dessous, j'ai rassemblé une petite sélection de fonds d'investissement intéressants. Bien entendu, elle ne prétend pas être exhaustive, mais devrait au mieux être une source d'inspiration et une incitation à s'attaquer activement au problème de l'investissement durable.

Fonds gérés active-ment (tableau au 08/2018)	ISIN	TER / agio	Volume du fonds	Devise	Réparti-tion	Critères
AXA WF - Responsible Development Bonds A	LU0140866178	1,01 % / 5,50 %	3 mil-lions	EUR	Capitali-sation	Impact
DWS Klima-wandel	DE000DWS0DT1	1,24 % / 5,00 %	62 mil-lions	EUR	Distribu-tion	Impact
DWS Water Sustainability Fund	DE000DWS0DT1	1,46 % / 5,00 %	174 millions	EUR	Distribu-tion	Impact
GLS Bank Aktienfonds	DE000A1W2CK8	1,54 % / non	N/A	EUR	Distribu-tion	Exclu-sion + SRI/ ESG
GLS Bank Klimafonds	DE000A2DTNA1	1,50 % / 2,50 %	N/A	EUR	Distribu-tion	Impact
GLS FairWor-ldFonds	LU0458538880	1,13 % / 2,50 %	N/A	EUR	Distribu-tion	Exclu-sion + Impact
GreenEffects NAI-Werte-fonds	IE0005895655	1,24 % / 4,00 %	N/A	EUR	Capitali-sation	SRI/ESG (NAI)
Invesco Umwelt und Nachhaltig-keits Fonds	DE0008470477	1,69 % / 5,00 %	25 mil-lions	EUR	Capitali-sation	Impact + exclu-sion
JSS Sustain-able Water	LU0333595436	2,36 % / 3,00 %	204 millions	EUR	Distribu-tion	Impact

Fonds gérés active-ment (tableau au 08/2018)	**ISIN**	**TER / agio**	**Volume du fonds**	**Devise**	**Répartition**	**Critères**
KEPLER Ethik Aktienfonds (IT) (T)	AT0000A1A1E3	1,21 % / 4,00 %	N/A	EUR	Capitalisa-tion	Exclusi-on
Kepler Ethik Mix (A)	AT0000A19288	0,75 % / 3,00 %	158 millions	EUR	Distribu-tion	Exclusi-on
Kepler Ethik Rentenfonds (T)	AT0000642632	0,76 % / 3,00 %	N/A	EUR	Capitalisa-tion	Impact (Bonds)
KEPLER Öko Energien (T)	AT0000A0AMJ6	2,21 % / 4,50 %	N/A	EUR	Capitalisa-tion	Impact
natura sem-per nx-25 Fund R (T)	AT0000A1QDQ4	1,50 % / 3,00 %	N/A	EUR	Capitalisa-tion	SRI/ESG (NAI)
ÖkoWorld ÖkoVision Classic	LU0551476806	2,45 % / 5,00 %	847 millions	EUR	Distribu-tion	Exclu-sion + Impact
ÖkoWorld Water for Life	LU0332822492	2,75 % / 5,00 %	20 mil-lions	EUR	Capitalisa-tion	Impact
ÖkoWorld[2] ÖkoVision Garant 20	LU0332822906	2,29 % / 5,00 %	16 mil-lions	EUR	Capitalisa-tion	Exclusi-on
Pictet - Tim-ber-P EUR	LU0340559557	2,02 % / 5,00 %	390 millions	EUR	Capitalisa-tion	Impact
Pictet Funds - European Sustainable Equities-I EUR	LU0144509550	0,63 % / 5,00 %	204 millions	EUR	Capitalisa-tion	SRI/ESG
Raiffei-sen-Nachhal-tigkeit-Mo-mentum (R) A	AT0000A1PKQ1	2,00 % / 5,00 %	50 mil-lions	EUR	Distribu-tion	Exclu-sion + ESG / SRI
Raiffei-sen-Nach-haltigkeits-fonds-Mix (A)	AT0000859517	1,46 % / 3,00 %	208 millions	EUR	Distribu-tion	Exclu-sion + SRI/ ESG
Sarasin-FairIn-vest-Univer-sal-Fonds I	DE0005317127	1,03 % / 2,00 %	219 millions	EUR	Distribu-tion	Impact

Fonds gérés active-ment (tableau au 08/2018)	**ISIN**	**TER / Agio**	**Volume du fonds**	**Devise**	**Répartition**	**Critères**
SEB ÖkoLux EUR Fonds	LU0036592839	1,64 % / 4,50 %	31 millions	EUR	Capitalisation	SRI/ESG
Steyler Fair und Nachhaltig - Aktien - I	DE000A1JUVM6	1,42 % / 1,00 %	40 millions	EUR	Distribution	Exclusion + SRI (eco nom)
Steyler Fair und Nachhaltig - Renten I	DE000A1WY1P4	0,75 % / 0,50 %	62 millions	EUR	Distribution	Exclusion + ESG / SRI
Swisscanto (LU) Equity Fund Global Climate Invest	LU0275317336	1,86 % / 5,00 %	38 millions	EUR	Capitalisation	Impact
Swisscanto (LU) Portfolio Fund Green Invest Equity	LU0161535835	2,06 % / 3,00 %	178 millions	EUR	Distribution	Impact
Swisscanto BVG 3 Oeko 45	CH0011315915	N/A / 1,2 %	71 millions	CH	Capitalisation	Impact
Triodos Sustainable Bond Fonds	LU0278272769	1,18 % / 5,00 %	N/A	EUR	Distribution	Exclusion + ESG / SRI
Triodos Sustainable Pioneer Fonds	LU0278272843	1,99 % / 5,00 %	N/A	EUR	Distribution	RSE + Impact
UBS (Lux) Equity Sicav - Emerging Markets Innovators	LU0398999499	2,12 % / 3,00 %	16 millions	EUR	Capitalisation	Impact

La sélection de fonds durables gérés activement est limitée à quelques fournisseurs. Si vous voulez faire vos propres recherches, alors vous avez de grandes chances de trouver votre bonheur chez ces fournisseurs ou banques :

Autres gestionnaires de fonds durables :
Triodos, UBS, Swisscanto, Sarasin, AXA, Kepler, Dexia, Pictet, Invesco, Sicav, Steyler, ÖkoWorld, DWS, Dr. Hoeller, SEB

Stratégie # 6 : Fonds de microfinance

« Nous ne devrions pas lire les mots, mais la personne que nous ressentons derrière les mots. »

SAMUEL BUTLER

C'est difficile à imaginer sous nos latitudes, mais un peu moins de la moitié de la population mondiale doit vivre avec moins de 3 dollars par jour. Selon la Banque mondiale, le seuil de pauvreté officiel est juste en dessous de deux dollars par jour. Aujourd'hui, près d'un milliard de personnes souffrent toujours de la faim sur notre planète. Une vie qui pour nous qui vivons dans notre bulle de prospérité, est difficilement imaginable. Lors de nombreux voyages au Mexique, en Amérique centrale et en Amérique du Sud, j'ai souvent fait l'expérience de la pauvreté et son empreinte est restée en moi.

Comment se fait-il que la richesse mondiale - et donc les chances d'une vie digne et autodéterminée soit encore si inégalement répartie au XXIe siècle ? Sommes-nous si ignorants, est-ce simplement dans notre nature humaine d'être individualiste, ou c'est le système économique qu'il faut « blâmer » ? Comment résoudre ce dilemme à l'avenir et comment pouvons-nous jouer notre rôle ?

Les fonds de microfinance sont un outil que tout investisseur durable devrait connaître - pas seulement à des fins de diversification. Jusqu'à il y a quelques années, les investissements dans les fonds de microfinance étaient presque exclusivement réservés aux investisseurs institutionnels ou soutenus et financés par des prêts consentis par de grandes organisations. La révolution numérique, qui apparaît de plus en plus dans le secteur financier (mot-clé : fintech), y laisse également sa marque. Même les investisseurs privés ont maintenant la possibilité de participer à cette forme « d'aide au développement » durable avec des montants modérés.

Qu'est-ce qu'un fonds de microfinance ?

Les fonds de microfinance sont, à mon avis, une excellente opportunité d'investissement pour ceux qui sont plus susceptibles de poursuivre une approche d'« impact investing ». Après tout, cela permet d'avoir un impact direct sur le développement mondial. Enfin, les fonds de microfinance mettent l'argent à la disposition des institutions de microfinance.

En 2007, les fonds de microfinance et les microcrédits sont devenus populaires dans le monde entier. Mohammed Yunus et son idée ingénieuse, la « Grameen Bank », mériteraient vraiment de recevoir le prix Nobel de la paix. Aujourd'hui, dix ans plus tard, il existe plus de 400 institutions de microfinancement dans plus de 100 pays du monde. Là, les emprunteurs peuvent même couvrir leurs petits emprunts avec une nano assurance contre le défaut de paiement.

Mais qu'est-ce qu'un fonds de microfinance ?

Dans de nombreux pays en développement et émergents, les infrastructures bancaires sont pour la plupart rudimentaires. Cela signifie que l'accès au crédit pour les particuliers et pour les activités économiques est difficilement possible. Souvent, il faut alors s'adresser à des prêteurs louches qui exigent des taux d'intérêt épouvantables. Yunus et sa « Gameen Bank » s'étaient donc fixés pour objectif d'attribuer des petits crédits ou des microcrédits. Les montants varient généralement entre 50 et 100 dollars américains. Le maximum est de 1 000 $ pour la plupart des établissements.

La microfinance est devenue l'un des moyens les plus populaires et les plus prometteurs de réduire la pauvreté aujourd'hui.

Les organisations de microfinance accordent plus particulièrement des microcrédits aux femmes des pays dits en développement et émergents, sans demander de garantie. Pourquoi les femmes ? Parce qu'elles sont généralement très honnêtes et fiables. Cela s'accompagne d'un renforcement de leur rôle, ce qui contribue de manière significative à la réduction de la discrimination.

Une obligation est que l'argent soit utilisé à des fins commerciales. Les emprunteurs doivent expliquer comment ils souhaitent utiliser le prêt pour générer un revenu pour eux-mêmes et leur famille. Ensuite, on vérifie si le projet a bien été mis en œuvre comme promis. Les prêts ne peuvent pas être utilisés à des fins de consommation. Le revenu généré par la reprise de l'activité économique profite aux familles. L'effet est donc indirect. Les prêts incitent les gens à s'aider eux-mêmes, promeuvent la création d'entreprises et renforcent le rôle des femmes. Le microcrédit donne aux populations des pays en développement et en transition la possibilité de sortir de la pauvreté par leurs propres moyens.

Aujourd'hui, on sait que cela favorise une culture dans laquelle il est donné à la population la possibilité de prendre son destin entre ses mains, ce qui sert finalement le développement économique global. Enfin, les prêts créent des emplois, entraînant une plus grande prospérité.

Dans un système où presque tout est réduit à la performance économique, c'est à mon avis une forme de subvention ingénieuse !

Aujourd'hui, plus de 100 millions de personnes dans le monde utilisent les services d'institutions de microfinancement. Mais comme les prêts sont accordés sans garantie, vous pouvez vous demander si cela affecte le taux de remboursement et même penser : « il doit certainement être catastrophique ! » Oui, je le pensais aussi. Mais c'est l'inverse. Plus de 99 % des emprunteurs, principalement des personnes que les autres banques considéraient auparavant comme non liquides, remboursent leurs emprunts.

Pourquoi ?

Les emprunteurs doivent d'abord rejoindre un groupe de prêt. Cela signifie que les autres membres du groupe sont aussi responsables en cas de non-remboursement. L'aspect du contrôle social et de la solidarité sont donc également inclus.

En outre, de nombreuses institutions de microfinance offrent aux emprunteurs une formation à l'utilisation correcte du crédit, une formation continue et une assistance.

Avantages, inconvénients et rendement

En tant que petit investisseur privé, nous avons aujourd'hui une excellente occasion de participer au développement des fonds dits de microfinance et de soutenir des personnes dans le monde entier. Avant d'entrer dans les perspectives de rendement de cet outil d'investissement durable, je voudrais brièvement vous familiariser avec les avantages et les inconvénients.

Avantages	Inconvénients
• Diversification du portefeuille • Relativement sûr (taux de remboursement élevé) • Des rendements très attractifs • Les développements sont équilibrés dans plu-sieurs pays (diversification)	• Il y a des moutons noirs => faites attention à la méthode d'allocation ! • Sortie difficilement possible (liquidité) • Frais souvent plus élevés (jusqu'à 2 %) • En règle générale, des droits d'entrée (agio) sont dus • Montant minimum d'investissement (au moins 1 000 euros environ) • Risques de change (généralement couverts), mais cela augmente les coûts globaux

Je voudrais expliquer brièvement le plus grand avantage de la microfinance d'un point de vue purement théorique – à savoir, la diversification de notre portefeuille (durable) ! L'investissement dans des fonds de microfinance peut contribuer de manière significative à la diversification du portefeuille, la demande de crédit dans les pays en développement et les pays émergents étant presque indépendante de l'évolution du marché dans son ensemble. Dans le jargon technique, on parle de faible corrélation entre les fonds de microfinance et le marché. Cela signifie que les crises sur les marchés financiers n'ont qu'un impact limité sur le taux de remboursement et donc sur le profil de risque des fonds de microfinance. Nous diversifions notre portefeuille et le taux de défaut des emprunteurs est très faible (généralement < 1 %).

En revanche, le facteur de liquidité dans les fonds de microfinance est un peu plus faible, car le retour des parts de fonds n'est guère possible à court terme. Il n'est pas rare qu'un délai de préavis d'un à trois mois soit exigé. Les frais souvent plus importants sont dus aux coûts administratifs élevés des prêts d'argent à des institutions de microfinance dans des pays lointains.

Parfois, le problème de ce que la Banque mondiale appelle « the missing middle » apparaît. Après avoir amélioré leur situation financière, de nombreux emprunteurs se retrouvent soudainement exclus. Parce qu'ils gagnent de l'argent, ils ne sont soudainement plus assez pauvres pour obtenir un microcrédit. D'autre part, les banques conventionnelles continuent de leur refuser l'accès à de nouveaux capitaux. De nombreuses institutions de microfinance attachent donc une grande importance à la croissance afin de pouvoir continuer à soutenir leurs microclients plus tard.

Maintenant, vous vous demandez probablement quel est le rendement des fonds de microfinance. Un sujet qui m'a tout à fait surpris lors de mes recherches. Alors que les fonds de microfinance de GLS Bank, par exemple, stagnent à 2 ou 3 %, les autres sociétés donnent des rendements jusqu'à 8 %. Toutefois, comme vous l'avez maintenant correctement conclu, cela présuppose un montant d'intérêt non négligeable des prêts.

Veuillez noter qu'il faut tenir compte non seulement des frais administratifs considérables, des coûts de couverture contre le risque de change, mais aussi des taux d'intérêt nettement plus élevés dans les pays émergents. On suppose un prêt à un taux d'intérêt moyen d'environ 35 % par an. Il reste pour l'investisseur environ 6 %.

Pour les emprunteurs, qui autrement ne connaissent que des offres de prêts à 20 % par jour, c'est donc une bonne affaire.

Cependant, cet écart important n'est pas seulement dû aux frais administratifs, mais aussi au fait que l'amorçage et le remboursement ne peuvent être garantis qu'avec un effort considérable (et souvent via des employés locaux).

Zoom sur 13 fonds de microfinance intéressants

Avant de commencer mes recherches pour ce livre, je connaissais les fonds de microfinance, mais je ne savais pas que je pouvais y placer de l'argent en tant qu'investisseur privé. Quand j'ai débuté mes recherches, j'ai alors été surpris de l'ampleur de l'offre actuelle.

Je voudrais vous présenter quelques-uns des fonds les plus intéressants.

Pour tous les fonds de microfinance énumérés ci-dessous vous devez investir un montant minimum. En outre, le risque de change devrait également être pris en compte si le fonds est libellé en dollars américains. La plupart des fonds de microfinance sont des fonds de distribution et quelques-uns d'accumulation.

Fonds de microfinancement (tableau au 08/2018)	ISIN	Devise du fonds	Distribution	TER / agio	Montant minimum d'investissment	Finalité
DUAL RETURN FUND - Vision Microfinance A-EUR	LU0563441798	EUR	Distribution	2,50 % / 3,00 %	1 000 €	Microcrédits en Amérique latine, Europe centrale et orientale, Asie et Afrique
DUAL RETURN FUND - Vision Microfinance EUR	LU0236782842	EUR	Capitalisation	1,95 % / 3,00 %	1 000 €	Microcrédits en Amérique latine, Europe centrale et orientale, Asie et en Afrique
DUAL RETURN FUND - Vision Microfinance Local Currency A-EUR	LU0591909972	EUR	Distribution	2,81 % / 5,00 %	1 000 €	Refinancement des IMF
Dual Return Fund - Vision Microfinance	LU0563441798	EUR	Distribution	1,45 % / 3,00 %	1 000 €	Microcrédits pour les petits entrepreneurs en Amérique latine
Dual Return Fund - Vision Microfinance	LU0646936202	USD	Capitalisation	1,98 % / 3,00 %	1 000 $	Refinancement des IMF
GLS AI (Alternative Investments)– Mikrofinanzfonds	LU1309710678	EUR	Distribution	2,04 % / 2,50 %	-	Microcrédit pour les petites entreprises en Europe du Sud-Est, Amérique latine, en Asie et en Afrique
GLS KCD Mikrofinanzfonds – III	LU1106543249	EUR	Distribution	1,72 % / 3,00 %	1 000 €	Microcrédits spécialement pour les propriétaires de petites entreprises

Fonds de microfinancement (tableau au 08/2018)	ISIN	Devise du fonds	Distribution	TER / agio	Montant minimum d'investissement	Finalité
IIV Mikrofinanzfonds	DE-000A1H44T1	EUR	Distribution	1,94 % / 3,00 %	100 €	Microcrédits spécialement pour les propriétaires de petites entre-prises
Oikocredit	-	EUR	Distribution	-	à partir de 200 €	Développement mondial durable, socialement juste
responsAbility Global Microfinance Fund	LU0180189770	USD	Capitalisa-tion	2,59 % / 5,00 %	1 000 $	Microcrédits dans les pays en déve-loppement et en transition
responsAbility Global Microfinance Fund H EUR	LU0180190273	EUR	Capitalisa-tion	2,09 % / 5,00 %	1 000 €	Microcrédits dans les pays en déve-loppement et en transition
Wallberg Global Microfinance Fund I	LU0375612404	EUR	Distribution	1,69 % / 1,00 %	90 000 €	Microcrédits, microassurance, construction de logements, appro-visionnement et infrastructure
Wallberg Global Microfinance Fund	LU0375612230	EUR	Capitalisa-tion	2,09 % / 3,00 %	1 000 €	Microcrédits, microassurance, construction de logements, appro-visionnement et infrastructure
GLS KCD Mikrofinanzfonds – III	LU1106543249	EUR	Ausschüttend	1,72%, 3,00%	1.000€	Mikrokredite insbesondere für Kleinunternehmerinnen

Stratégie # 7 : crowdinvesting durable

« Nous avons vu sur la branche sur laquelle nous sommes assis. La croissance démographique se poursuit dans le monde entier et, tous ensemble, nous vivons considérablement au-dessus de nos moyens. Si nous voulons nourrir neuf milliards de personnes en 2050, il est temps d'agir. »

Eberhard Brandes

Vous avez sûrement déjà entendu parler de crowdfunding. Le crowdinvesting est l'évolution financière du crowdfunding offrant un rendement. En d'autres termes, alors que le crowdfunding compense de manière symbolique votre soutien financier, la récompense dans le cas du crowdinvesting se fait sous forme d'intérêts.

La révolution fintech, avec « l'invention » du crowdinvesting, permet aux investisseurs privés d'agir comme les grands. Jusqu'à il y a quelques années, ce type d'investissement dans les entreprises était réservé aux investisseurs disposant d'importantes ressources en capital (c'est-à-dire les « business angels » et les « venture capital »). Aujourd'hui, les plates-formes de crowdinvesting permettent également à des investisseurs privés à la manière des « business angels » et des « venture capital », qui représentent des milliards d'euros, d'investir dans de jeunes entreprises et des start-up - même dans le domaine de la durabilité ! Pour moi, cette opportunité a été la plus grande surprise de mes travaux de recherche, outre les fonds de microfinance. J'étais tellement excité à ce sujet que quelques semaines plus tard, à la fin du livre, j'ai investi quelques milliers d'euros dans divers projets écologiques et sociaux à travers le monde. Bien que je donne 40 euros par mois à l'aide aux réfugiés, je suis heureux de pouvoir enfin compléter mes dons par des impact investments, qui me rapportent un rendement intéressant.

Qu'est-ce que le crowdinvesting ?

Le crowdinvesting est une communauté d'investisseurs privés qui via la réunion de leurs nombreux investissements individuels permet le financement et le démarrage de projets. Pour de nombreuses entreprises et start-up, cette forme de financement constitue une bonne alternative au financement externe pour mettre en œuvre avec succès des idées commerciales ou pour lever des fonds propres afin de pouvoir ensuite demander des financements extérieurs. En tant qu'investisseur, vous profitez des bénéfices potentiels de l'entreprise/du projet et peut-être même de la vente de l'entreprise à des investisseurs importants.

Le crowdinvesting durable promet des rendements lucratifs, mais est également l'un des investissements les plus risqués. En effet, vous pouvez perdre tout votre argent si l'entreprise ou si le projet échoue. Vous faites ce qu'on appelle du capital de risque. Encore une fois, ne dépensez pas l'argent dont vous ne pouvez pas vous passer !

Les entrepreneurs, les start-up ou les entreprises durables peuvent présenter des idées ou des projets d'entreprise sur des plateformes de crowdinvesting durables. Ils choisissent un montant d'investissement à atteindre (montant minimum de financement) avant que leurs informations soient vérifiées par la plateforme. La demande de financement est publiée lorsque tous les feux sont au vert. Il s'agit ensuite d'atteindre le montant minimum de financement dans un délai déterminé. Ce n'est que dans ce cas seulement, que la somme est versée aux créateurs, sinon l'investisseur récupère son argent. En cas de financement réussi, les investisseurs reçoivent régulièrement des informations de la part des sociétés respectives sur la marche des affaires en cours et, en cas de succès, le rendement convenu préalablement.

Avec vos investissements, vous acquérez généralement des droits de participation aux bénéfices ou des participations tacites. En conséquence, contrairement aux actions, vous n'avez ni droit de parole ni droit de vote.

En revanche, dans le cas d'une participation dans une société en commandite, vous devenez à votre tour associé et acquérez ainsi également un droit de vote. Je vous demande donc de vérifier au cas par cas la forme de la participation à laquelle vous souscrivez. Vous devez savoir que vos placements sont des prêts dits subordonnés. Cela signifie qu'en tant qu'investisseur, en cas de faillite, vous serez payé après tous les autres créanciers (ce qui signifie généralement pas du tout).

En ce qui concerne l'aspect liquidité du carré d'investissement, les crowdinvestments affichent des performances inférieures à la moyenne. Enfin, il est difficilement possible et peut-être même associé à des coûts très élevés de vendre des parts avant leur rachat. Une tendance de plus en plus évidente dans tous les impact investments. Cela ajouté à un risque de perte totale que j'ai moi-même dû « expérimenter » (heureusement avec un investissement relativement modeste de seulement 50 euros à cette époque), fait du crowdinvestment un investissement avec lequel nous pouvons exercer une grande influence, mais aussi qui est aussi très risqué. Ce risque est généralement récompensé par une distribution annuelle supérieure à celle des obligations traditionnelles. De plus, ils sont très transparents et nous permettent d'exercer une influence directe.

Avantages et rendement

Je suis un investisseur très passif. J'aime les investissements que je peux laisser longtemps sans trop m'inquiéter de leur développement. En effet, chaque minute que ce genre d'investissement exige de moi réduit son caractère passif. Les crowdinvestments ont d'autres avantages notables.

Avantages	Inconvénients
• Bénéfices supplémentaires possib-les si la valeur des investissements augmente en raison du succès de l'entreprise • Impact Investing = > haute transpa-rence et influence directe • Diversification = > faible corrélation avec le marché financier • À ce jour (03/2019) pas de frais de garde • À ce jour (03/2019) aucun frais de transaction • Investissement possible avec un faible capital (à partir de 50 €)	• Prêt subordonné (en cas de faillite d'une entre-prise, cela signifie la perte totale de l'investisse-ment) • Encore relativement nouveau, donc choix limité

Certaines plateformes de crowdinvesting durables permettent d'acheter de petites parts (à partir de 50 euros, par exemple). Cela signifie que théoriquement, vous pouvez déjà atteindre un degré de diversification de 1 % de vos investissements avec un capital de 5 000 euros investi.

Que signifie une diversification de 1 % ?

Du point de vue du risque, il est souhaitable que les petits investisseurs et les investisseurs privés répartissent le plus largement possible les investissements au sein d'une classe d'actifs (par exemple, crowdinvesting, ETF et actions, prêts entre particuliers). Si aucun des investissements ne représente plus de 1 % de l'investissement total de la classe d'actifs respective, on peut parler d'une large diversification et donc d'un risque clairement minimisé. En effet, même les pertes totales peuvent être alors facilement absorbées ou compensées par les 99 autres pourcents.

Selon la plate-forme et le projet, les rendements varient d'environ 4 % à 8 % pour la plate-forme « Solylend », ce que j'aime particulièrement, et même à 50 % (à très haut risque) chez Wedogood. Cette dernière plate-forme se concentre particulièrement sur le financement des start-up et des jeunes entreprises qui ont des impacts économiques positifs et une ambition sociale ou environnementale. Cependant, les investissements ressemblent plus à des paris, car les risques de défaut sont parfois considérables.

9 plateformes intéressantes et durables

Dans ce chapitre, je voudrais vous présenter quelques-unes des plates-formes de financement participatif les plus durables. Jusqu'à présent, je n'ai fait mes premiers placements que sur Solylend parce que le montant minimum d'investissement est bas et que j'aime pouvoir investir progressivement dans de nouvelles classes d'actifs. Pour que vous trouviez votre bonheur, j'ai créé un aperçu basé sur des paramètres importants.

Plateforme	Investis-se-ment mini-mum	Échéances des place-ments	Rendement annuel brut attendu	Type d'inves-tis-sement
Enerfip	10 €	2 à 7 ans	4 à 7 %	Projets d'éner-gies renouvela-bles
Solylend	20 €	6 mois à 5 ans	4 à 8 %	Projets à voca-tion sociale et solidaire
Lendopolis	20 €	2 à 5 ans	3 à 10,5 %	Projets d'éner-gies renouvela-bles
Lumo	25 €	2 à 9 ans	3 à 7 %	Projets d'éner-gies renouvela-bles
Miimosa	50 €	3 à 5 ans	2 à 5 %	Projets dans le do-maine de l'agriculture et de l'alimentaire
Lendosphere	50 €	3 à 5 ans	3 à 8 %	Projets de dévelop-pement durable
AkuoCoop	50 €	environ 4 ans	4 %	Projets d'éner-gies renouvela-bles
Wiseed	100 €	4 à 7 ans	5 à 7 %	Projets d'éner-gies renouvela-bles
Lita.co	100 €	envrion 5 ans	2 à 7 %	Projets à voca-tion sociale, sociétale ou environnemen-tale

En outre, il existe un certain nombre d'autres plates-formes classiques de crowdinvesting sur lesquelles on ne trouve pas uniquement des projets et des entreprises durables. Il n'est pas rare que l'on y trouve également des idées d'entreprises (durables) tournées vers l'avenir ou des jeunes entreprises qui veulent s'établir dans le secteur social. Les plateformes Wedogood ou Sowefund sont particulièrement connues.

À mon avis, les progrès en matière d'investissement durable sont en particulier observables dans la découverte Fintech qu'est le « crowdinvesting ». Là, l'impact investing offre parfois d'énormes possibilités de rendement.

Stratégie # 8 : investir dans les arbres

« Chaque année, nous émettons deux fois plus de gaz à effet de serre que ce que les forêts et les océans peuvent absorber. »

JORGEN RANDERS

Les investissements dans les forêts ont été l'un des premiers projets durables accessibles aux investisseurs privés. Cela concerne les investissements réalisés dans la plantation de nouveaux arbres dans le cadre de projets écologiques. Ensuite, au fil des années et des décennies, la forêt grandit et prospère, apportant une contribution importante à la protection du climat avant d'être « exploitée » et transformée en revenus financiers via la vente. Votre investissement n'est donc pas purement financier, mais aussi dans la biodiversité, la protection du climat par la réduction de CO2.

Pourquoi ?

La forêt capte le CO2 et le transforme en oxygène. La déforestation incontrôlée, en particulier des poumons de notre terre, la forêt vierge et la forêt tropicale, détruit non seulement l'habitat d'animaux rares et en partie menacés, mais a également de lourdes conséquences pour l'être humain. En effet, les arbres produisent non seulement de l'oxygène vital, ils éliminent également les toxines de l'air et peuvent même réduire la radioactivité ! En outre, la forêt stocke l'eau et peut la filtrer voire la transformer en eau potable.

Davantage de forêt ralentit le réchauffement climatique, purifie notre air et fournit un habitat aux animaux, préservant ainsi la biodiversité de notre planète unique. L'investissement dans les arbres est l'un des plus pur impact investment. Il promet également des rendements financiers importants. À mon avis, il ne devrait manquer dans aucun portefeuille durable.

Avantages et opportunités de rendement

Pour cette classe d'actifs aussi, il existe un certain nombre d'avantages et d'inconvénients. Il s'agit, à l'instar du crowdinvesting, d'un secteur d'impact investing dans lequel il y a des possibilités de rendements élevés et des risques élevés. Bien sûr, cela attire les moutons noirs. Étant donné que nous sommes sur le marché du capital gris, mal réglementé, et que l'investissement est caractérisé par de longues échéances et une faible liquidité, je voudrais tout particulièrement vous demander d'examiner chaque offre avec précision et au cas par cas.

Avantages	Inconvénients
• Impact Investment transparent • Idéal pour les investisseurs passifs orientés vers le long terme • Le bois est une matière première importante toujours nécessaire (matériau de construction, source d'énergie) • Peu de corrélations avec le marché financier ou d'autres classes d'actifs • Croissance indépendante de l'économie • Demande actuellement en forte hausse • Possibilités de rendements élevés (et stables)	• Horizon de placement à long terme • Parfois, monocultures d'arbres (moins durables) • Parfois des peuples autochtones sont expulsés - vérifiez donc très soigneusement ! • Souvent des fonds de type fermé = > marché gris des capitaux

J'aime cette forme d'investissement et pas seulement en raison de son influence écologique. L'investissement dans le bois exige avant tout des investisseurs un long horizon de placement. Cela me convient beaucoup en tant qu'investisseur passif et paresseux. En effet, non seulement les arbres poussent indépendamment de la situation économique et politique, mais les trois quarts des rendements proviennent de la croissance biologique, alors que la hausse des prix du bois, la demande accrue et l'augmentation de la valeur des terres ne représentent que cinq pour cent du rendement environ. Cela se traduit par des opportunités de rendement intéressantes, comme le montre par exemple le « KCREIF Timberland Index ». Il affiche la valeur de la propriété forestière en Amérique du Nord et présente un rendement total de 96,06 % entre 2008 et 2018. Cela donne une moyenne annualisée d'environ 10 % par an !

Comment et où investir dans le bois ?

En plus des investissements directs dans le bois, principalement via des fonds de type fermés, vous pouvez également investir dans des ETF, des fonds actifs ou des actions du secteur du bois. Le fonds « Pictet Timber » est particulièrement réputé parmi les fonds de gestion active du bois, avec une performance impressionnante supérieure à 50 % sur 5 ans (2013-2018). Parmi les ETF du bois les plus connus figure le « iShares S & P Timber & Forestry », qui représente 25 des plus grandes sociétés mondiales du secteur du bois et de la foresterie. Outre un TER respectable de 0,65 %, il existe également un risque de change, l'ETF étant libellé en dollars américains. Le « iShares S & P Timber & Forestry » a lui réalisé une performance impressionnante de près de 70 % sur cinq ans (2013-2018).

En dehors de cela, les fonds de type fermé offrent eux, la possibilité de participer directement à des projets de reboisement. Cependant, comme il s'agit souvent de plantations de bois précieux sous forme de monocultures, qui à mon avis sont moins durables, je voudrais présenter un projet qui opère une reforestation stratégique sous forme de forêts mixtes et qui milite pour une « récolte » sélective. En d'autres termes, les arbres sont soigneusement sélectionnés et abattus individuellement et avec prudence, et non par une coupe à blanc effrénée.

Avec « ForestFinance », vous pouvez investir dès 38 € par mois dans un projet de reboisement passionnant au Panama. Le plan d'épargne le plus accessible s'appelle « TreeSavingsPlan ». Vous effectuez douze versements mensuels de 38 euros (versement également possible en une fois). Grâce à cet argent, une forêt mixte de bois précieux est plantée sur une superficie de 125 mètres carrés (environ 12 arbres) et entretenue pour vous pendant plus de 25 ans. Ensuite, vous participez au produit de la vente avec un rendement moyen d'environ 6 %. Des investissements directs plus courts sont aussi proposés dans des projets de reboisement. Il faut alors débourser 2 000 euros environ.

6 modèles de portefeuilles durables

« L'homme : un être rationnel qui perd toujours son sang-froid lorsqu'il est tenu d'agir selon les lois de la raison. »

Oscar Wilde

La pratique est toujours au premier plan dans mes livres. J'écris des livres que j'aimerais lire moi-même, mais que l'on ne trouve pas sur le marché. De par ma propre expérience et de par les nombreux retours de lecteurs, je sais que l'étape la plus difficile, même après une lecture attentive, est la mise en œuvre pratique. Par conséquent, je vais vous présenter quelques versions de portefeuille durable dans ce chapitre. Je montrerai les pondérations envisageables sur la base de trois personnes fictives présentant des préférences de risque et des tendances de durabilité différentes. Votre âge devrait jouer un rôle crucial dans vos considérations de risque. Fondamentalement, plus une personne est jeune, plus elle peut prendre un risque est élevé. En effet, elle dispose de plus de temps pour compenser les pertes éventuelles par des bénéfices futurs. Ce fait va de pair avec l'idée que c'est l'horizon d'investissement qui a le plus d'impact sur le rendement des investissements. Par conséquent, vérifiez votre niveau de risque en fonction de votre âge.

Votre âge (niveau de risque)

- Jusqu'à 35 ans (risque élevé) = > prêt à prendre des risques
- Jusqu'à 55 ans (risque moyen) = > neutre
- À partir de 55 ans (risque faible) = > conservateur

En outre, vous devez bien sûr déterminer si vous souhaitez vous constituer un capital ou générer un revenu passif. Si vous souhaitez obtenir un revenu passif, vous devez privilégier des produits de placement de type distribution, si vous préférez accumuler des actifs, choisissez des produits d'investissement de type accumulation. Bien entendu, les deux types peuvent être combinés à merveille - c'est ce que je fais personnellement.

Mon expérience a montré que, mis à part l'importance de l'horizon de placement, une large diversification est également un facteur décisif pour la réussite d'un investissement durable. C'est pourquoi j'ai toujours ajouté les six catégories d'actif aux trois types de placement et aux six modèles de portefeuilles. Si vous souhaitez omettre l'une ou l'autre des classes d'actifs, répartissez au mieux leur part entre les autres classes d'actifs. Vous devriez, à mon avis, avoir au moins trois classes d'actifs.

Personne 1 (moins de 35 ans, risque élevé)

Tendance à la durabilité : normale
= > plutôt ESG (exclusion + filtrage positif)

Classe d'actifs	Pondération du portefeuille en pour-centage
Dépôt à terme / Livret d'épargne	5
Obligations / fonds obligataires (actifs / ETF)	20
Actions / Fonds d'actions (actifs / ETF)	50
Fonds de microfinancement	10
Crowdinvesting	10
Arbres	5

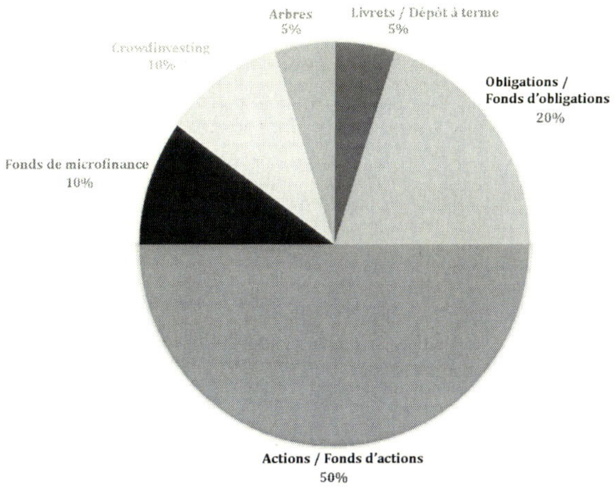

Personne 1 (moins de 35 ans, risque élevé)

Tendance de la durabilité : forte
= > plutôt impact investing

Classe d'actifs	Pondération du portefeuille en pour-centage
Dépôt à terme / Livret d'épargne	5
Obligations / fonds obligataires (actifs / ETF)	20
Actions / Fonds d'actions (actifs / ETF)	25
Fonds de microfinancement	15
Crowdinvesting	20
Arbres	15

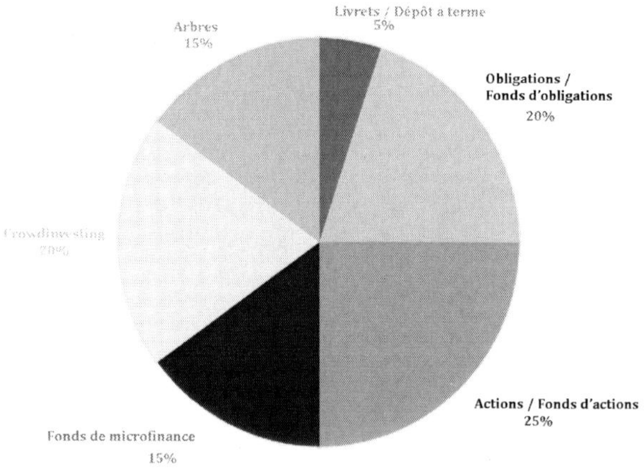

Personne 2 (moins de 55 ans, risque moyen)

Tendance à la durabilité : normale
= > plutôt ESG (exclusion + filtrage positif)

Classe d'actifs	Pondération du portefeuille en pour-centage
Dépôt à terme / Livret d'épargne	10
Obligations / fonds obligataires (actifs / ETF)	35
Actions / Fonds d'actions (actifs / ETF)	30
Fonds de microfinancement	10
Crowdinvesting	10
Arbres	5

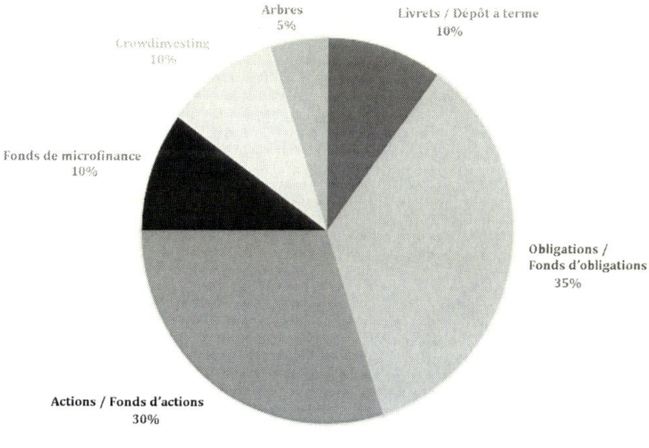

Personne 2 (moins de 55 ans, risque moyen)

Tendance de la durabilité : forte
= > plutôt impact investing

Classe d'actifs	**Pondération du portefeuille en pour-centage**
Dépôt à terme / Livret d'épargne	10
Obligations / fonds obligataires (actifs / ETF)	30
Actions / Fonds d'actions (actifs / ETF)	20
Fonds de microfinancement	15
Crowdinvesting	15
Arbres	10

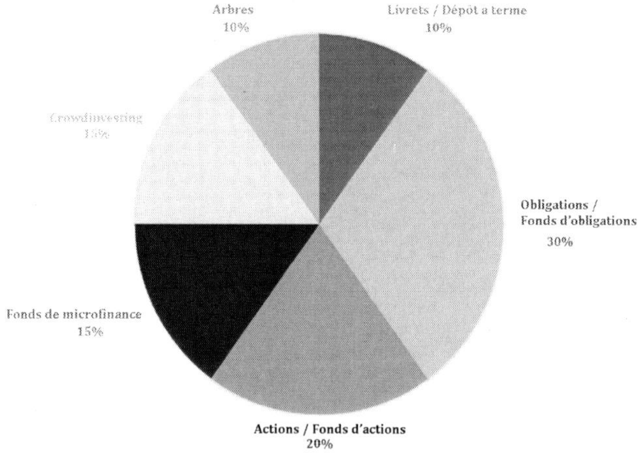

Personne 3 (plus de 55 ans, risque faible)

Tendance à la durabilité : normale
= > plutôt ESG (exclusion + filtrage positif)

Classe d'actifs	Pondération du portefeuille en pour-centage
Dépôt à terme / Livret d'épargne	10
Obligations / fonds obligataires (actifs / ETF)	60
Actions / Fonds d'actions (actifs / ETF)	20
Fonds de microfinancement	3
Crowdinvesting	4
Arbres	3

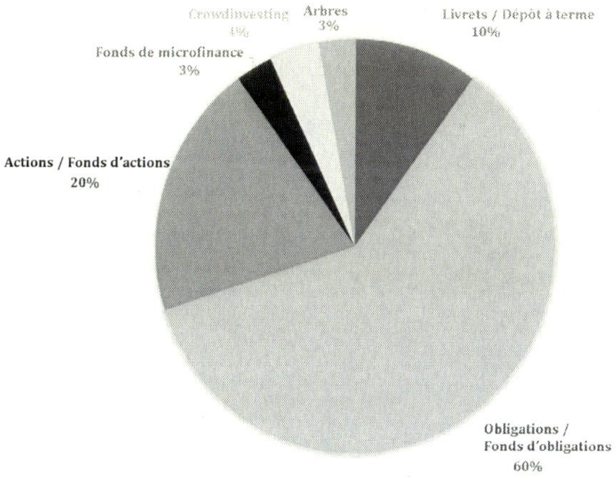

Personne 3 (plus de 55 ans, risque faible)

Tendance de la durabilité : forte
= > plutôt impact investing

Classe d'actifs	**Pondération du portefeuille en pour-centage**
Dépôt à terme / Livret d'épargne	10
Obligations / fonds obligataires (actifs / ETF)	60
Actions / Fonds d'actions (actifs / ETF)	15
Fonds de microfinancement	5
Crowdinvesting	5
Arbres	5

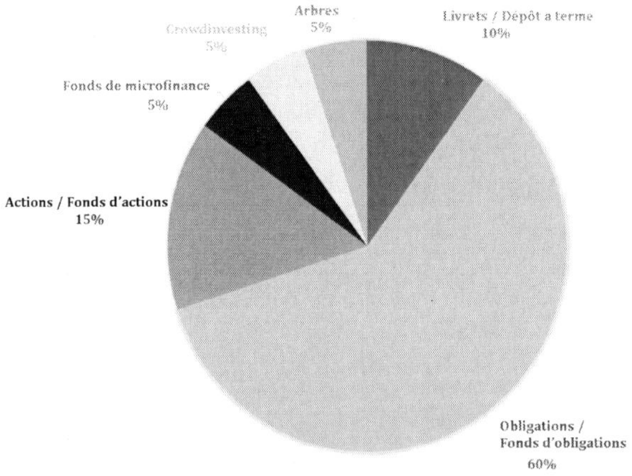

Ces six exemples de portefeuilles ne sont que des suggestions approximatives conçues pour vous aider à vous assurer que vos préférences en matière de risque sont proportionnées et pondérées pour les différentes classes d'actifs durables. Vous devez les adapter individuellement à vos préférences et objectifs personnels. Cette répartition doit ensuite être maintenue par un rééquilibrage régulier. En tant qu'investisseur très passif avec un horizon d'investissement à très long terme, je n'effectue un rééquilibrage qu'une fois par an.

Bonus : devenir un entrepreneur durable

« L'ingrédient clé est de te bouger le cul et de faire quelque chose. C'est aussi simple que ça. Beaucoup de gens ont des idées, mais seuls quelques-uns décident de les mettre en pratique : pas demain, pas la semaine prochaine, mais aujourd'hui. Un véritable entrepreneur est un faiseur et non un rêveur. »

Nolan Bushnell

Nous approchons à grand pas de la fin de ce livre. Bien que ce chapitre ne soit pas directement lié aux investissements durables, il me semble indirectement pertinent. Je l'ai mis en chapitre bonus pour ceux qui veulent aller plus loin.

Quiconque connaît mes autres livres et suit mon blog sait que je me vois non seulement comme un auteur, mais plutôt comme un entrepreneur. Avoir ma propre entreprise a toujours été mon grand rêve. À mon avis, le seul moyen d'échapper à la roue de hamster ne consiste pas à approcher de l'âge de la retraite, mais à faire le grand saut dès le jeune âge. Le plus important pour moi est de poursuivre une activité qui me comble et me rend heureux.

Si vous pouvez exercer votre emploi sans percevoir de rémunération alors c'est que vous avez trouvé votre véritable vocation.

Aujourd'hui, notamment grâce de la révolution numérique, il est devenu possible de créer une entreprise sans risque majeur. Ce qui est crucial pour ce changement est que nous pouvons toucher les clients finaux directement via Internet et que nous n'avons plus besoin d'intermédiaires pour cela. Souhaitez-vous également poursuivre ce rêve et exercer une activité secondaire en plus de vos études ou profession ? Sans vous exposer à un gros risque financier et avec une idée d'entreprise respectueuse des facteurs écologiques et sociaux ? J'ai rassemblé ici pour vous quelques-uns de mes meilleurs trucs et astuces.

Ce chapitre a du sens car, à mon avis, c'est toujours son propre projet d'entreprise qui génère les meilleurs rendements. Bien que vous puissiez facilement générer un rendement de 8 % par an avec des investissements sans prendre de risques majeurs (et donc doubler votre investissement en neuf ans), un rendement de 100 %, voire plus, est pratiquement impossible. Selon moi, ces chiffres ne peuvent être réalisés qu'avec une entreprise durable. Sans parler du contrôle que vous avez sur le niveau de vos revenus et sur l'impact de votre travail sur les gens et l'environnement. De plus, en tant qu'entrepreneur, vous n'échangez plus d'argent contre du travail ou du temps libre. En tant qu'employé ou travailleur indépendant, vous pouvez travailler 16 à 18 heures par jour au maximum. Cela signifie que vos revenus se limitent à votre travail quantitatif. Vous pouvez améliorer votre salaire soit par des promotions et des augmentations de salaire (en tant qu'indépendant en augmentant votre taux horaire), soit en augmentant vos heures de travail.

Pour l'entrepreneur (ou l'investisseur), la situation est différente. Il investit également du temps et/ou du capital. Toutefois, il le fait dans l'idée que cet investissement sera remboursé plusieurs fois par la suite. Finalement, il apparaît clairement pourquoi les deux aspects du revenu passif, de l'évolutivité et de l'automatisation, sont si importants. Toutes les entreprises prospères du monde réussissent à utiliser ces deux propriétés de manière idéale.

Mais avant de continuer à lire, je dois souligner que l'entrepreneuriat ne convient pas à tout le monde. En règle générale, l'esprit d'entreprise (même le travail indépendant) signifie beaucoup plus de travail, surtout au début. Vous devez être prêt pour cela. En revanche, le moment n'a jamais été aussi propice pour trouver son propre chemin, pour créer une entreprise et pour passer du côté des entrepreneurs ! En effet, il est aujourd'hui possible d'acquérir presque toutes les compétences entrepreneuriales nécessaires - et tout cela sans étudier !

La digitalisation permet de toucher de plus en plus de clients avec des offres de plus en plus spécifiques. Des groupes de clients qui intéressent généralement peu les grandes entreprises (par exemple, ceux qui, comme nous, s'intéressent vivement à la durabilité environnementale et sociale), car ils sont trop petits mais peuvent être très lucratifs pour nous, les petits entrepreneurs. Avant tout, il est important de bien comprendre la relation entre l'offre et la demande. Tant que vous proposez des produits ou des services demandés sur un marché (spécifique) et que vous maintenez vos dépenses et vos coûts de fonctionnement au minimum, vous avez de bonnes chances d'être un entrepreneur très performant au final !

Accompagnement des entrepreneurs dans le secteur de la durabilité

« Un produit convainc quand il comble le fossé pour l'utilisateur et non quand il faut un pas de géant. »

AARON LEVIE

Avant de partager avec vous mes meilleurs trucs et astuces pour démarrer une entreprise tout en étudiant ou en travaillant, je veux que vous preniez conscience de vos objectifs et de vos préférences en répondant aux questions suivantes. Elles sont votre guide !

Vos objectifs

- Que feriez-vous si l'argent n'avait pas d'importance ?
- Que voulez-vous accomplir ?
- Combien cela coûte-t-il ? Avez-vous besoin d'argent pour cela ? Combien ?
- Qu'êtes-vous prêt à faire pour ça ?

Votre situation de départ

- Quelles sources d'argent possédez-vous ?
- Voulez-vous un revenu actif ou passif ?
- Êtes-vous du type entrepreneur, travailleur indépendant ou employé ?
- Êtes-vous content de ce que vous faites ? Voulez-vous l'être ?

Conseils pour votre idée d'entreprise durable

- Quel serait votre job de rêve ? Est-il accessible ?

Non ? Quelles sont les alternatives pragmatiques ?

- Qu'est-ce qui vous a particulièrement intéressé lorsque vous étiez enfant ?
- Que pouvez-vous faire de mieux que les autres (forces / talents) ?

- Pour quelles tâches êtes-vous fréquemment sollicité par les autres ?
- Comment ces préférences peuvent-elles être utilisées pour gagner plus d'argent de manière écologique et sociale ?

6 astuces géniales pour les futurs entrepreneurs écoéthiques

« Une entreprise qui ne fait que de l'argent est une mauvaise entreprise. »

Henry Ford

Vous serez d'accord avec moi pour dire que le chemin de l'entrepreneuriat est particulièrement fantastique quand on projette de faire ce qu'on aime, d'aider les gens et de protéger l'environnement. J'appelle cette nouvelle forme de travail indépendant ou d'entrepreneuriat « ecoethentrepreneurship ». Étant donné que j'ai aussi longtemps couru après ce rêve et que je sais combien il peut être difficile de le réaliser, je voudrais vous donner 6 conseils pour vous et votre future entreprise. Ils devraient inspirer, stimuler la réflexion et finalement vous forcer à prendre une décision - créer ou laisser tomber !

 # 1 Créez votre propre niche

La plupart des gens qui veulent travailler à leur compte ont le gros problème de ne pas savoir ce qu'ils veulent vraiment. « Oui, je voudrais démarrer ma propre entreprise, mais je ne sais pas dans quoi ! » Ils accumulent idées sur idées, mais aucune d'entre elles ne les fascine vraiment. Ou alors, ils font constamment face à des doutes et souffrent d'un manque d'idées. Il existe une approche ingénieuse qui vous permet de produire des idées lucratives et commercialisables en quelques secondes.

Créez votre propre niche !

Ne ressentez-vous pas la même chose ? Alors que vous allez au supermarché, que vous êtes chez le coiffeur ou que vous utilisez une application mobile, vous remarquez tout à coup à quel point les choses pourraient être meilleures et plus durables. Félicitations ! Vous venez de découvrir un nouveau créneau ! De mon point de vue, les meilleures idées d'affaires sont celles que quelqu'un a créées parce qu'il n'a pas réussi à trouver le bon produit ou service sur le marché. Il n'y a guère d'approche plus pertinente. Enfin, vous pouvez supposer que de nombreuses autres personnes cherchent également - souvent très désespérément - une solution similaire à leur problème. Voici quelques questions que vous pouvez vous poser :

- Quel produit ou service vous manque dans le secteur de la durabilité ?
- Pourquoi dépenseriez-vous de l'argent si le produit existait ?
- Selon vous, qu'est-ce qui est bien mais qui a besoin d'être amélioré ?

Répondez à ces questions sur un bloc-notes avant de poursuivre la lecture. Ainsi, non seulement vous trouvez des idées d'entreprise ingénieuses, mais vous créerez en même temps un critère de distinction précieux : l'absence de concurrence. Pour nous, par exemple, la réponse a été : « écrire des livres orientés sur la pratique, solides en théorie et qui montrent des moyens durables d'atteindre la liberté financière. » Quelque chose que j'ai désespérément cherché durant mes études, mais que je n'ai pas trouvé et j'ai donc décidé d'y remédier moi-même.

À mon avis, n'importe qui peut devenir entrepreneur !

Les entrepreneurs qui ont réussi, ont compris que l'argent leur permettait de répondre aux besoins du marché. C'est l'aspect qui détermine le plus le succès de l'entreprise ! Et il y a d'énormes possibilités dans le secteur de la durabilité. Alors feuilletez le livre en arrière et jetez un coup d'œil aux différentes méga tendances.

 # 2 Trois critères fondamentaux pour votre entreprise

Bien entendu, de nombreux aspects doivent être pris en compte lors du démarrage d'une entreprise, mais certains pèsent tout simplement plus et ont un impact direct plus important que d'autres. Je voudrais vous présenter trois aspects très importants du démarrage d'une petite entreprise.

1. Y a-t-il une demande ?

Votre produit ou votre service est peut-être très ingénieux, si personne ne vous l'achète ou n'est prêt à y consacrer de l'argent, vous aurez du mal à réussir. Par conséquent, avant de créer précipitamment une entreprise, vous devez toujours connaître et analyser la demande sur le marché concerné. Plus vous êtes en mesure de définir avec précision le groupe cible qui sera plus tard votre portefeuille de clients, plus cette analyse sera précieuse !

2. Quel problème résolvez-vous ?

De plus, votre produit ou service doit résoudre un problème. Ce n'est qu'alors qu'il génère une valeur ajoutée pour la partie intéressée. Plus le problème que vous pouvez résoudre avec votre produit ou votre service est vaste et omniprésent, plus la valeur ajoutée pour les consommateurs est grande, plus votre idée d'entreprise est prometteuse et rentable.

3. Pouvez-vous simplement le faire différemment ou mieux ?

J'ai déjà mentionné dans le premier point qu'une niche est un critère de distinction précieux. En effet, vous n'avez alors pas de concurrents. Si vous réussissez également à connecter une marque avec la solution que votre entreprise offre, vous avez presque gagné !

Le manque de développement de la marque est l'une des raisons les plus courantes de l'échec des jeunes fondateurs et entrepreneurs. Ils n'y accordent pas d'importance. D'un côté, cela est compréhensible parce qu'ils estiment qu'il y a mieux à faire. Mais d'un autre côté et surtout à moyen et à long terme, les conséquences sont absolument catastrophiques. Une erreur ici ne peut être réparée qu'avec difficulté voire n'être plus du tout réparable. Travaillez donc dès le début à la construction d'une marque et gagnez au moins 1 000 vrais fans pour votre solution. Ces derniers sont les défenseurs de votre marque. Ils vous aident à faire face aux difficultés et sont prêts, car ils ne sont guère sensibles au prix, à consommer tous vos produits.

Conseil : écrivez en 3 phrases ce que votre entreprise fait exactement et ce qui la rend unique. Plus la description est précise, plus la création et la vente seront faciles !

 # 3 N'écoutez pas ce que les autres disent !

Les incrédules sont un poison pour leur propre indépendance. Nous avons pu l'observer encore et encore au cours de notre parcours. Personne d'autre ne croyait en notre vision sauf nous. Et aujourd'hui, quelques années plus tard, ce sont les mêmes qui nous demandent conseil et souhaitent même créer une entreprise avec nous ! La seule chose qui compte vraiment, c'est que vous ne doutiez pas de vous-même ou de votre idée !

Nous étions toujours convaincus qu'avec notre idée, notre concept et nos produits, nous ne créerions pas seulement de la valeur ajoutée, mais qu'à moyen et long termes, nous obtiendrions un grand succès financier. Cela était moins dû à une considération rationnelle qu'à une attitude inébranlable et émotionnellement positive. Croyez en vous et vous pourrez faire n'importe quoi !

 # 4 Ne cassez pas les prix !

De nombreux fondateurs dirigent leurs idées directement vers le marché de masse. Il n'est pas rare qu'ils essaient de gagner de l'argent avec des produits ou des services bon marché. Mais cela rend la vie particulièrement difficile au début !

Soyez l'option chère sur le marché !

Qu'est-ce que cela signifie au juste ? Plus vous vendez votre produit ou service cher, moins vous aurez besoin de clients pour faire des profits. En effet, vous travaillez avec des marges nettement plus élevées (bénéfice / vente). Cela signifie qu'avec une marge de 100 € par produit ou service, vous pouvez réaliser un excédent mensuel de 3 000 € avec une seule vente par jour. Si votre produit ou service coûte 1 €, il doit alors faire 3 000 ventes !

Qu'est-ce qui est le plus facile d'après vous ?

Il est beaucoup plus facile de vendre quelques produits que de nombreux produits bon marché. En effet, en proposant des produits/services plus chers, vous déménagez vers un secteur moins concurrentiel. Consultez donc une nouvelle fois vos réponses aux questions du premier chapitre et demandez-vous : laquelle de ces idées puis-je vendre à un prix et avec une marge particulièrement élevés ?

5 Moins, c'est plus !

Un problème auquel nous sommes confrontés depuis longtemps est de vouloir en faire trop à la fois. Surtout au début, il y a beaucoup d'incertitude quant au succès du modèle d'affaires. Par conséquent, on décide rapidement d'aborder plusieurs choses en même temps. Cependant, avec cette stratégie, vous perdrez à long terme. Robert Kiyosaki a trouvé une excellente approche de ce problème, qu'il a intitulé FOCUS. FOCUS signifie « Follow one course still you are successful. » Lors de la création d'une entreprise, il est tout d'abord nécessaire de se concentrer sur un domaine d'activité, puis de se diversifier ensuite sur différents sujets qui s'y rattachent. Concentrez-vous sur ce que vous ou votre entreprise pouvez faire particulièrement bien ! Cette force doit être utilisée contre les concurrents, exploitée et constamment développée. En fin de compte, cette stratégie n'est pas seulement une stratégie à long terme, mais elle promet également des bénéfices nettement plus élevés.

Avant d'ajouter de nouvelles choses ou de nouvelles personnes, vous devriez toujours vous demander ce que vous pouvez réduire ou même éliminer. Cela rendra non seulement vos processus et solutions plus efficaces, mais améliorera également considérablement votre qualité !

6 Le foutu premier pas

Maintenant, vous êtes heureux et motivé et vous vous dites peut-être « génial, il est temps de commencer ! » Nous connaissons très bien ce stade, mais franchir la première étape est quelque chose de complètement différent. Le conseil le plus important est donc très trivial et pourtant c'est de loin le plus difficile à réaliser.

Commencez et gagnez en expérience !

L'expérience est la seule chose dans la vie que vous ne pouvez pas lire dans les livres, et plus tôt vous commencerez, plus votre courbe d'apprentissage sera raide ! Ce qui nous a aidés, c'est d'avoir au moins investi 5 minutes par jour dans notre entreprise - quoi qu'il advienne ! Ce n'est qu'ainsi que vous pourrez développer une dynamique, des progrès et une confiance en vous. De plus, pour créer une entreprise, surtout lorsqu'elle est en ligne, il ne faut pas forcément être riche. Vous pouvez commencer avec seulement quelques euros par mois et grandir de manière organique. Si vous avez besoin d'aide, vous pouvez toujours me contacter !

Investir écoéthique n'est pas suffisant

« Si vous voulez augmenter votre richesse, vous devriez prendre l'exemple des abeilles.
Elles collectent le miel sans détruire les fleurs.
Elles leur sont même utiles. »

SIDDHARTHA GAUTAMA BUDDHA

Après plus d'une décennie d'étude intensive du système économique et monétaire, j'ai compris que le monde est dominé par l'argent. Presque toutes les décisions sont prises en fonction de leur impact économique. Nous sommes devenus tellement dépendants de l'économie que des crises sur les marchés financiers, qui n'auraient normalement rien à voir avec l'économie réelle, peuvent la faire plonger dans de profonds abysses. Les victimes sont pour la plupart de petits investisseurs, des employés de sociétés cotées en Bourse et en particulier des populations plus pauvres des pays dits « en développement et émergents ».

À mon avis, on peut également s'attendre à des crises sur les marchés financiers à l'avenir. Enfin, le capitalisme agressif anglo-saxon l'emporte progressivement sur l'idée d'une économie sociale de marché, louable à l'origine. La raison est simple. Notre système économique est conçu pour maximiser les profits. Cela signifie que l'objectif premier des entreprises (et qui colle avec le cadre qu'impose notre système dominant) est de maximiser le profit financier. Cela vaut également pour les entreprises durables ! Cependant, elles essaient de maximiser le profit non seulement financier mais aussi moral.

Néanmoins, il doit être clair pour nous que le rendement est presque toujours lié à l'utilisation des ressources et donc à un certain degré d'exploitation de la nature (et des hommes). Exploitation qui, paradoxalement, apporte la prospérité dans les pays industrialisés occidentaux. Cependant, cela pose la question de savoir si les êtres humains et la nature ont payé assez pour nos actions et notre consommation. Enfin, la nature n'est pas une rue à sens unique que vous pouvez constamment emprunter sans jamais ne rien rendre en retour.

Gandhi a dit un jour : « Sois toi-même le changement que tu désires pour le monde. » D'année en année et d'expérience en expérience, j'apprends de plus en plus ce que ces mots signifient réellement - et j'en conclus qu'il a absolument raison ! Nous devons nous changer nous-mêmes avant que notre environnement puisse changer. La responsabilité personnelle est encore une fois le mot-clé.

Plus l'action est fortement influencée par un contexte durable, plus les effets sur les personnes dans notre environnement direct et indirect sont perceptibles. J'ai observé et vécu cela encore et encore. Par conséquent, à mon avis, il ne suffit pas d'investir de manière écologique et sociale, il faut aussi laisser tous les autres domaines de la vie intacts. Les questions les plus importantes dans ce contexte sont pour moi :

- Comment est-ce que je traite mes semblables ?
- Comment mon comportement de consommateur est-il commandé ?
- Est-ce que je vis de façon minimaliste ou maximaliste ?
- Comment gagner mon argent ?
- Comment dois-je me comporter avec la nature ?
- Est-ce que je fais des dons régulièrement ?
- Est-ce que je fais du bénévolat ?

J'ai écrit un livre entier sur le paradoxe selon lequel plus vous donnez, plus vous recevez. Bien sûr, cela s'applique également ici. Nous devons tous prendre notre courage à deux mains si nous voulons changer le monde !

Ainsi, non seulement investissez votre argent de manière écologique et durable et éthique et social, mais utilisez-le de manière aussi durable que possible dans la vie quotidienne. Je sais à quel point c'est difficile, surtout avec la hausse des revenus. Après tout, nos dépenses sont toujours basées sur nos revenus (courbe d'Engel). Plus nous gagnons, plus nous consommons. Mais cela ne signifie pas que nous avons besoin de plus. Bien au contraire ! Nous pourrions limiter notre consommation à très peu de choses. À ce qui est vraiment précieux pour nous. Au lieu d'avoir besoin de plus, vous pouvez simplement consommer de façon plus ciblée tout en ayant tout ce dont vous avez besoin. De plus, ces quelques choses qui servent réellement un but sont beaucoup plus appréciées.

L'investissement écoéthique pourrait également faire partie d'un style de vie écologique, durable, éthique et social ? Et non pas un style de vie dans lequel nous fuyons naïvement nos responsabilités et détournons le regard de notre système capitaliste. En combinant le meilleur de deux mondes qui, à première vue, semblent être en contradiction.

J'ai souhaité vous aider à intégrer l'investissement écoéthique dans votre avenir financier. Si vous avez des questions, des commentaires ou des suggestions, vous pouvez me contacter à tout moment (*contact@financepreneur.fr*). Je me réjouis de chaque courriel. Afin de pouvoir également échanger des idées avec d'autres lecteurs, j'ai lancé le groupe Facebook « Investissements écoéthiques - Communauté pour les investisseurs écologiques, éthiques et sociaux ». Il devrait servir à échanger des stratégies, des conseils et des astuces et à se soutenir mutuellement.

Bien sûr, si vous avez aimé ce livre, je serais également très heureux si vous le recommandiez autour de vous. En fin de compte, plus nombreux sont ceux qui apprennent à investir écoéthique, plus grandes sont les chances que les choses changent réellement et que l'Homme et la nature se réconcilient de manière durable. Avec mes meilleurs vœux de réussite !
Christopher Klein

Avez-vous appris quelque chose de cette lecture ?

Nous en arrivons maintenant à la partie du livre où je vous demande une petite faveur. Si vous ne le saviez pas déjà, les avis sont extrêmement importants lorsque l'on vend un produit. Les clients se fient à vos commentaires lorsqu'ils prennent des décisions d'achat. Vos critiques aident mes livres à devenir plus visibles sur la plateforme presque surpeuplée qu'est Amazon.

Le thème de la durabilité écologique et sociale est en tout cas désespérément sous-représenté !

Si vous avez aimé ce livre et que vous l'avez trouvé utile, je vous serais très reconnaissant de votre avis sur Amazon. Cela ne doit pas nécessairement être une grande tirade. Quelques phrases courtes suffisent déjà. C'est important pour moi que vous soyez honnête.

Au fait, cela ne prend pas plus 2 minutes et ça m'aide vraiment !

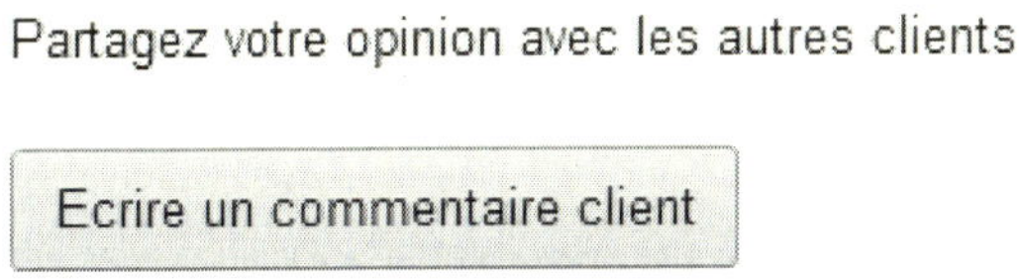

Je lis tous les avis personnellement ainsi que tout commentaire que je reçois par courriel (*contact@financepreneur.fr*). Cela m'aide énormément à améliorer constamment mes livres.

Merci encore une fois pour votre patience et votre soutien
Christopher

Sources et littérature complémentaire

- Rapport de marché « Investissements durables 2017 » de la FNG
- La vidéo YouTube « LSE Events | Role of Trade and Investment in Driving Sustainable and Inclusive Growth » : *https://www.youtube.com/watch?v=PRNDRUJv2Ts*
- Vidéo du Professional Wealth Management Magazine sur les ETFs durables : *https://www.youtube.com/watch?v=TeUQaM-1Jd0*
- Banque cantonale zurichoise (Nachhaltigkeitsrating für Staaten 2017)
- Oekom Research AG, Corporate und Country Rating Report
- Natur Aktien Index : => *http://www.nai-index.de/seiten/kriterien_kurz.html*
- L'investissement socialement responsable : Vers une nouvelle éthique de Michèle Bernard-Royer
- L'investissement responsable : Transformer ses valeurs en épargne de Alexandre Touma
- Investissements éthiques et régie d'entreprise de Michel Dion
- Finance éthique : le grand malentendu de Gaëtan Mortier
- L'investissement socialement responsable entre l'offre et la demande de Stéphanie Giamporcaro
- La performance financière de l''investissement socialement responsable de Khaled SAADAOUI
- Finance responsable (Site Internet) = > *www.financeresponsable.org*
- Mr Mondialisation (Magazine en ligne) = > *https://mrmondialisation.org/tag/finance/*

Clause de non-responsabilité

L'utilisation de ce livre et la mise en pratique des informations qu'il contient s'exerce à vos propres risques. Ce livre est un guide des stratégies de succès possibles, mais il ne constitue pas une garantie de succès et est basé uniquement sur l'opinion personnelle de l'auteur. L'auteur et l'éditeur n'assument donc aucune responsabilité si vous n'atteignez pas les objectifs décrits dans le livre. La responsabilité de l'éditeur et de l'auteur pour les dommages matériels ou immatériels causés par l'utilisation ou la non-utilisation des informations ou par l'utilisation d'informations incorrectes et/ou incomplètes est exclue. Les demandes de dommages-intérêts sont donc exclues. Cette œuvre, y compris tous les contenus, a été réalisée avec le plus grand soin. Toutefois, l'éditeur et l'auteur déclinent toute responsabilité quant à l'actualité, l'exactitude, l'exhaustivité et la qualité des informations mises à disposition. Des erreurs d'impression et des informations incorrectes ne peuvent pas être complètement exclues. L'éditeur et l'auteur déclinent toute responsabilité quant à l'actualité, l'exactitude et l'exhaustivité du contenu du livre, ainsi que pour les erreurs d'impression. L'éditeur ou l'auteur ne peuvent en aucun cas être tenus respon-sable des informations erronées et de leurs conséquences. Les exploitants des sites Web respectifs sont seuls responsables du contenu des sites Web imprimés dans ce livre. L'éditeur et l'auteur n'ont aucune influence sur la conception et le contenu des sites Internet de tiers. L'éditeur et l'auteur se distancient donc de tout contenu externe. Au moment de l'utilisation, il n'y avait aucun contenu illégal sur les sites Web. Les actions négociées, les FNB, les prêts P2P et les fonds comportent toujours des risques. Tous les textes, notes et informations ne constituent pas des conseils ou recommandations d'investissement. Ils ont été tirés de sources publiques, au meilleur de nos connaissances et de nos croyances. Toutes les informations fournies (toutes les pensées, prévisions, commentaires, astuces, conseils, etc.) sont uni-quement à des fins éducatives et de divertissement privé. Néanmoins, aucune responsabilité ne peut être assumée pour l'exactitude dans chaque cas individuel. Si les visiteurs de ce site adoptent les contenus proposés comme étant les leurs ou suivent des conseils, ils agissent sous leur propre responsabilité.

Les informations fiscales sont basées sur notre compréhension de la situation juridique française pour les investisseurs français. Aucune garantie ne peut être donnée que l'évaluation fiscale ne changera pas à la suite d'une législation, d'une décision de justice ou d'un décret de l'administration fiscale. De tels change-ments peuvent également être introduits rétroactivement et avoir une incidence négative sur les consé-quences fiscales décrites. Le présent résumé ne prétend pas couvrir tous les aspects fiscaux qui peuvent être pertinents en raison de la situation personnelle de l'investisseur individuel. Il est donc conseillé aux investisseurs intéressés de demander conseil à un membre de la profession de conseiller fiscal sur les conséquences fiscales de l'acquisition, de la détention ou de la vente de parts de fonds.

KLHE *finance*

Made in United States
North Haven, CT
10 November 2026

22091262R00106